무조건
싸게
팔지 마라

매출을 **확** 올려주는 가격 책정의 마술!

무조건 싸게 팔지 마라

"박리다매는 자영업자에게
오히려 독이다!"

메이랩(조윤화) 지음

평단

"박리다매로 성공했어요."

자영업자의 성공사례로 자주 언급되는 이 말은 사실 자영업자에게는 독이 될 뿐이다. 세상에 저렴한 가격을 좋아하지 않는 사람은 없다. 똑같은 상품에 똑같은 서비스라면 단돈 100원이라도 저렴한 걸 선택하는 게 사람 심리다.

"싼 게 비지떡이다."

한편으로는 이런 말도 있다. 대부분 고객은 말도 안 되게 저렴한 상품이 절대로 퀄리티가 좋을 리 없다는 걸 이제는 잘 알고 있다. 가격 대비 성능을 따지는 '가성비'에서부터 만족감을 주는 '가심비', 안전까지 생각하는 '가안비'까지 소비자의 생각도 시간에 따라

성숙해졌다. 한마디로 세상이 바뀌었다.

언제까지 '초특가 할인'으로 돈을 벌 생각인가. 요즘 같은 시대에 초저가 상품으로 고객을 유인할 수 있는 건 중국의 알리바바나 테무 같은 곳만 가능하다. 대부분의 소상공인 자영업자는 직원을 한두 명 쓰거나 혼자서 영업하는 1인 사장들인데 초저가로, 박리다매로 돈을 벌겠다는 건 애초에 전제 자체가 잘못된 것이다.

◆ 박리다매는 미신이다

나는 스테디셀러로 자리매김한 《4평 매장 사장 되기》에 어떻게 하면 적은 돈으로 경쟁력 있는 점포를 만들 수 있는지 그 노하우를 모두 정리했다. 이 책을 읽은 분들이 이번에는 창업을 결정한 뒤 가격을 어떻게 책정해야 하는지가 어려운 문제라며 이를 다뤄달라는 요청을 많이 해왔다.

생각해보면 나 자신도 처음에 가게를 오픈하기로 결정하고 나서 가장 고민한 것이 바로 '상품 가격'이었다. 내 상품을 도대체 얼마에 팔아야 고객이 지갑을 열까?

아마도 대부분은 앞뒤 따지지 않고 '박리다매'를 하면 많이 팔고 많이 벌 거라는 생각으로 박리다매 전략에 따라 가격을 매기고 장사를 시작할 것이다.

> "인지도도 없는 가게가 가격이라도 싸야 고객이 찾아오지
> 그렇지 않으면 쳐다보기라도 하겠어?"

이런 섣부른 생각이 오늘날 수많은 1인 사장들이 창업한 지 얼마 안 되어 폐업하게 만드는 근본적 원인이다. 싸게 많이 팔아서 돈을 벌려고 하면 사장이 일하는 기계가 되어야 한다. 아니, 기계보다 더 열심히 일해야 겨우 '인건비'를 건지는 정도가 된다. 하지만 이런 식의 장사를 언제까지 할 수 있을까? 1년? 3년? 그 전에 사장이 지쳐서 장사를 포기할 확률이 더 높다.

박리다매는 1인 자영업자에게 기회가 아니라 오히려 독이 될 수 있다는 것을 더 많은 분에게 알려야겠다는 사명감이 든 건 바로 이 때문이다.

나는 이 책에서 1인 사장들에게 "살아남고 성장하는 가게를 만들려면 최대한 비싸게 팔아라"라고 강조할 작정이다. 이를 말도 안 된다고 생각하는 분이라면 이 책의 내용이 다소 놀랍게 다가올 것이다.

하지만 가보지 않은 길이라고 해서 망설이고 있을 수만은 없다. 내 가게에서 파는 상품이 경쟁력이 있고, 고객에게 가치를 주고 있

다면 가격을 올려도 충분히 매출이 나올 수 있다. 한 점포를 책임지고 운영하는 사장인 내게 필요한 것은 내가 파는 상품의 가치를 믿고, 내 가게를 찾아오는 고객을 팬으로 만들어 나 자신과 내 가게는 물론 고객도 오랫동안 만족하고 함께 성장할 수 있다는 믿음이다.

2024년 4월
메이랩 본사에서

차례

1장 사장님이 가격을 올리지 못하는 이유

2장 어떤 고객층을 대상으로 팔 것인가

가격 결정의 시크릿 포인트

고가로 책정했는데 장사가 안 되는 이유

판매가 잘되는 가격의 황금 비율

3장 순수익을 높이는 가격 정하기 전략

마진율 높이기 전략 1: 예약제로 파는 법

4장 내가 파는 상품에 가치를 만드는 법

5장 사장의 태도가 곧 가격이다

1장

사장님이 가격을
올리지 못하는 이유

성공은 얼마나 완벽에 가깝게 높이 도달했는가 아니라
얼마나 많은 어려움을 극복하고 멀리 성장했는가에 달려 있다.

— 애덤 그랜트

'박리다매'를 하면 될 거라는 달콤한 유혹

처음 가게를 시작하는 사장님들은 대부분 저가 시장으로 진입하고픈 유혹을 느낀다. 그래도 저렴하면 하나라도 더 팔리지 않겠느냐고 생각하는 것이다. 하지만 내 경험상 이는 고생길에 들어서는 일이라는 걸 잘 알기에 말리지만 초보자의 고집은 쉽게 꺾이지 않는다.

강의를 들을 때는 '그래, 나도 고가 전략으로 팔아야겠어'라고 고객을 끄덕거리지만 막상 현실로 돌아오면 장사가 안 되면 어쩌지 하는 두려움에 위축되어 경험도 없는 주변 사람들의 조언에 팔랑귀가 된다. 그리고 가격을 싸게 해서 팔고 싶은 유혹을 느끼게 된다.

◆ 매출이 높은데도 가게 문을 닫는 이유

물론 초반에 중고가 시장을 노리면 저가형 상품을 파는 사람에 비해 매출이 높지 않을 수 있다. 저가형 상품을 내세우는 사장님은 대부분 가게 오픈 초반에 단골을 만들어야 한다는 생각이 강하다. 하지만 고가형 상품은 초반 몇 달을 잘 버티면 나중에는 저가형 상품을 파는 것보다 오히려 매출이 높아진다. 처음에는 힘들지만 나중에는 편할 것인지, 처음에는 기분이 좋지만 나중에는 힘들 것인지 선택하는 문제이기도 하다.

그런데 저가형 상품을 파는 게 정말 돈을 버는 길일지 합리적으로 생각해보자.

고가 시장에 진입한 사장님은 초반에는 손님이 없어 저가형 상품을 파는 사장님보다 매출이 낮은 것처럼 보인다. 하지만 적응기를 거쳐 1년 뒤의 상황을 보면 분위기는 바뀌어 있다. 고가형 상품을 파는 사장님은 일은 적게 하는 반면 매출은 저가형 상품을 파는 매장과 거의 차이가 없다. 고가형 상품을 파는 사장님은 노동력을 덜 쏟기에 저가형 상품보다 좋은 컨디션에서 상품을 만들 수 있다. 그러면 퀄리티는 누가 더 좋을까? 당연히 고가형 상품을 파는 사장님이다.

저가형 상품을 파는 사장님은 겉보기에는 돈도 잘 벌고 단골들도 팍팍 늘어나는 것 같다. 하지만 하루에 17시간씩 한 달 내내 일했는데도 정산을 해보면 순수익이 100만 원도 안 되는 경우가 적지 않다.

게다가 나중에 세금까지 내려고 하면 죽어라 일했던 시간이 허무해지면서 기운이 쭉 빠진다. 이쯤 되면 '장사를 계속할지 말지'에 대한 고민이 생기면서 영업의 동력을 잃는다. 결국 매출은 점점 하강곡선을 그리다가 결국 가게 문을 닫고 만다.

"처음에 정한 가격을 이제 와서 바꿔도 될까요?"

이런 고민을 할 수 있는데, 당연히 가격은 수정해도 된다. 저가형으로 시작한 사장님도 고가형 상품을 파는 전략으로 수정할 수 있다. 다만 이렇게 할 수 있는 타이밍을 기다려야 하는데, 보통 가격 인상의 적기가 따로 있다. 샌드위치를 파는 나의 경우는 여름 휴가 시즌 이후나 추석 연휴 직후에 가격을 많이 올렸다. 사람들이 긴 휴가를 다녀오고 나면 가격이 인상되는 것에 대한 심리적 반발이 적다.

만약 시기를 못 맞추겠다면 메뉴명을 바꾸거나 같은 상품이지만 구성에 변화를 주면서 가격을 올려도 된다. 예를 들어 에그 샌드위치를 7천 원에 판매하고 있었다면, 그 안에 아보카도를 하나 넣어서 '아보카도 에그 샌드위치'라고 하고 8천 원에 판매하는 식이다.

만약 이렇게 하지 않고 똑같은 상품을 며칠 뒤에 가격만 올리면 어떻게 될까? 이는 고객에게 '우리 매장은 앞으로 비싸게 팔 거니까 싼 거 찾는 분은 오지 마세요' 하고 선언하는 것과 같다. 그러면 단골이 왕창 떨어져 나가는 건 시간문제일 것이다.

"오늘 가게를 오픈했는데 내일 수정하는 건 괜찮지 않을까요?"

이런 사장님도 있을 수 있는데 고객은 절대로 그렇게 만만하지 않다. 고객은 안 보는 것 같아도 매장에서 파는 상품 가격을 유심히 다 본다. 따라서 "천 원 정도 올리면 고객이 눈치를 못 채지 않을까?" 하는 것은 엄청난 착각이다. 고객은 상품 가격이 500원만 올라도 귀신같이 알아차리고 오픈한 지 얼마 안 되었는데 가격을 올린 걸 오히려 이상하게 생각할 것이다.

◆ 가격 인상은 멘탈의 문제

가격을 올리라고 해도 끝까지 주저하는 사장님들도 있다. 느닷없이 가격을 올리는 게 아무래도 찜찜하다는 것이다. 가격 인상 이후 서비스는 어떻게 해야 할지, 추가로 고객에게 어떤 혜택을 주어야 할지 망설여지는 건 어찌 보면 당연한 일이다. 하지만 여러 가지 생각이 들더라도 우선 가격을 올리고 나서 고민해도 늦지 않다.

장사를 한다는 건 결국 가격을 올리는 일의 연속이다. 물가가

해마다 오르고 그에 따라 재료비, 인건비 등도 오른다. 가격을 올리지 않겠다고 버티는 건 사장님의 고집일 수 있다. 나는 끝까지 가격을 올리지 않는 사장님들에게 이렇게 묻는다.

"사장님이 만든 제품에 그렇게도 자신이 없으세요?"

가격을 인상하는 것은 자신감을 표현하는 일이다. 가격을 올리지 못하는 것은 내가 만든 제품이 올린 가격만큼 가치가 없다고 평가받을까 봐 내심 불안해하는 것일 수 있다. 그래서 나는 1인 가게를 운영하는 사장님들에게 멘탈 관리를 강조한다.

 가격을 인상하는 건 그만큼 자기 제품에 자신이 있다는 뜻이다.
강한 멘탈로 내 제품의 가치와 품격을 높여보자.

가격을 올리면
이것부터 달라진다

당연한 얘기겠지만 가격을 올리면 마진율이 높아진다. 그렇기에 똑같은 시간을 일해도 돈을 더 많이 벌게 된다. 그렇지만 가격을 올리는 과정의 초점을 '마진율'에 맞추면 안 된다. 사실 마진율보다 더 중요한 것은 바로 '시간'이다.

여기서 말하는 시간에는 일하는 시간도 포함되지만 그보다는 자기계발을 하는 시간에 더 방점을 둔다. 강의를 할 때 항상 강조하는 말이 있다.

 자영업자는 고인 물이 되면 안 된다.

자영업자가 돈 버는 재미에 푹 빠져 있을 때는 열심히 일해야 하는 것은 맞지만 마냥 일만 해서는 끝내 도태될 수 있다는 뜻이다.

◆ 자영업자에게 중요한 것

자영업자는 당연히 돈을 벌어야 한다. 하지만 그보다 중요한 것이 있다. 바로 '시간을 벌어야 한다'는 것이다. 시간 여유를 갖고 자기 자신에게 자기계발을 할 시간을 허락할 수 있는 자영업자야말로 성공했다고 할 수 있다.

지금 잘 번다고, 당장 장사가 잘된다고 계속 일만 하면 어떻게 될까? 그 시점에는 돈을 많이 벌 수 있겠지만 트렌드가 바뀌었을 때 따라가지 못해 한순간에 망하게 된다. 특히 디저트나 카페 쪽 창업을 하는 사장님들은 이 점을 명심해야 한다. 트렌드에 따라 살고 트렌드에 따라 망하는 업종의 경우 자기계발이 필수다. 시장조사, 메뉴 개발, 하다 못해 온라인 마케팅을 공부하는 시간이라도 반드시 내야 한다.

그런데 하루에 17시간씩 가게에서 일하면 자기계발을 할 수 있을까? 물리적으로 절대 하지 못한다. 마치 눈을 가린 경주마처럼 앞만 보고 달리다가 낭떠러지로 추락하게 된다. 그래서 장사가 잘 될 때부터 미리 준비해야 한다. 영업시간을 가게 오픈 전 1시간, 마감 전 1시간을 줄이는 것이다.

자리를 잡은 가게라면 이렇게 하루에 2시간을 뺀다고 해도 영업에 큰 지장이 없다. 적어도 장사를 한 지 1년 이상 되었다면 가게 오픈과 마감 전후 어중간하게 낭비하는 자투리 시간만 아껴도 하루 2시간을 내는 건 어렵지 않을 것이다.

그럼 이 시간에 무슨 공부를 하면 좋을까? 사장의 인풋을 늘릴수 있는 공부라면 무엇이든 좋다. 예를 들어 마케팅, 브랜드, 메뉴개발, 시장조사 등이 여기에 속한다. 특히 가격을 한 번 이상 인상해서 고객에게 판매하고 있다면 더더욱 긴장해야 한다. 고객은 가격이 오른 만큼 우리 가게에서 만든 음식에 더 높은 기대치를 가지기 때문이다. 똑같은 샌드위치를 팔더라도 어떻게 하면 고객에게 조금이라도 더 높은 가치를 제공할 수 있을지 고민해야 한다.

재료는 조금이라도 더 좋은 걸 쓸 수 없을까?
패키지로 더 나은 구성을 만들 수는 없을까?
상품 포장은 조금 더 예쁘게 바꿀 수 없을까?

이런 고민을 매일 2시간씩만 하다 보면 한 달 뒤에 분명히 개선책이 나온다. 우리 뇌는 질문을 받고 잠재의식에 이를 각인하면, 그 해답을 찾기 위해 24시간 내내 활동한다고 한다. 심지어 자고있을 때도 뇌는 이 문제를 풀려고 노력한다. 그래서 나는 아이디어가 떠오르지 않거나 고민이 있을 때 자기 전에 미리 생각을 한다.

자는 동안 다음 달 매출을 20% 이상 올릴 방법은 무엇인지 생각해야 한다.

그러면 어떤 때는 신기하게도 자고 일어난 뒤 갑자기 아이디어가 번뜩 떠올라 메모하기도 한다. 실제로 나는 수강생들에게 매일 자신에게 긍정의 말을 해주는 '확언'과 더불어 자기 전에 이 방법을 써보라고 권하기도 한다. 해보면 생각보다 효과가 좋다는 걸 알게 된다.

오늘부터 나만의 시간을 확보하고 경쟁력을 갖춰나가는 매장으로 바꾸자. 이것이 시간이 흐를수록 사장의 라이프스타일도 챙기고 매출도 늘어나는 비결이다.

가격은
누가 정할까

가격을 올리기 전에 먼저 알아두어야 할 사실이 하나 있다. 우리가 파는 상품 가격은 도대체 누가 정하는지 한 번쯤 생각해보는 것이다.

소비자는 물건이나 서비스에 돈을 낼 때 한 가지만 생각한다.

"이 상품은 싼가, 비싼가?"

그 상품에 내가 치른 돈 이상의 가치를 얻으려는 고객으로서는 당연한 질문이다. 사장 또한 자신이 판매하는 상품의 적정 가격을 끊임없이 고민한다. 하지만 고객의 지갑을 열어야 하는 사장은 이 질문에서 한 걸음 더 나아갈 필요가 있다.

"가격은 도대체 누가 정하는 것일까?"

사장이라면 적어도 이 질문에 답을 할 수 있어야 한다.

백화점이나 마트 등을 가보면 수많은 상품이 진열되어 있는데, 고객의 눈길을 사로잡는 상품에는 대부분 '가격표'가 붙어 있다. 고객의 관심을 끈 제품의 가격이 합리적이면 구매가 일어나지만, 비싸거나 합리적인 가격이 아니라고 판단되면 고객은 다른 상품을 구매하거나 구매를 미루게 된다.

'고객의 80%는 비싸도 구매한다'는 유명한 말도 있지만 고객의 구매 의사결정에 가격이 미치는 영향은 30~40%에 불과하다. 나머지는 비가격적 요소, 즉 해당 상품에 담긴 무형의 가치를 보고 구매를 결정한다.

그런데 상품 가격은 어느 한 사람이 결정하는 것이 아니다. 예를 들어 텔레비전의 경우 삼성전자가 "우리 텔레비전은 500만 원에 팔겠습니다"라고 선언해서 팔 수 있는 게 아니다. 그렇다면 이른바 '시장가격'은 누가 정하고 그 가격이 적정한지는 도대체 어떻게 알 수 있을까?

일반적인 가격 책정의 기준은 주관적 방법, 객관적 방법, 심리를 이용하는 방법으로 나누어 살펴볼 수 있다.

◆ 주관적 가격 책정 방법

주관적 가격 책정 방법에는 적정 가격 책정법과 최고 가격 책정법이 있다.

적정 가격 책정법

내가 판매할 제품이 시장에서 팔리는 금액이다. 예를 들어, 샌드위치를 만들기 위해 공들인 노력, 재료비, 인건비, 기타 비용을 더해 개당 10만 원은 받아야겠다는 계산이 섰다고 해도 샌드위치 1개 가격을 10만 원으로 책정하는 사람은 없다.

큰돈을 벌고 싶다는 생각에 시장 가격은 무시하고 높은 가격으로 판매하는 사람은 장사할 마음이 없다고 봐야 한다. 자신이 소비자라면 샌드위치 하나를 10만 원에 살 수 있을까? 그동안 자신이 소비자로서 지닌 소비 경험과 원가 비율을 종합해 적절히 타협점을 찾아 가격을 책정하는 것이 적정 가격 책정법이다.

최고 가격 책정법

상품의 고급화 전략을 꾀한 뒤 '고객이 이 정도까지는 지불할 수 있겠다'고 생각해 가격을 책정하는 방식이다. 소비자들은 가격을 곧 품질이라고 여겨 비싸면 비싼 값을 한다고 생각한다. 그래서 기존에 있던 제품, 같은 카테고리, 같은 공간이라도 세련되고 고급스럽게 디자인하면 훨씬 비싼 값을 받을 수 있다. 게다가 비싸 보이기도 한다.

특히 우리나라 사람들은 명품의 값어치를 인정하고 자신의 존재감을 돋보이게 해주는 비용을 기꺼이 지불한다고 하니 이를 참고해야 한다. 자기 상품이 시장에서 희소성이 있고 특별한 재료를 써서 아무 시장에서나 흔히 볼 수 없는 제품이라면 원가 비율보다 훨씬 높은 최고 가격으로 책정할 수 있다.

◆ 객관적 가격 책정 방법

객관적 가격 책정 방법에는 원가가산가격 결정법과 손익분기 가격 결정법, 목표 수익 기준 가격 결정법이 있다.

원가가산가격 결정법

생산 원가를 기준으로 일정 이익률을 고려해 가격을 결정하는 방법이다. 시장 상황이나 경쟁사, 상권 등은 고려하지 않고 제품의 원가와 이익률만 따지므로 한계가 있는 방법이지만 가격탄력성이 크지 않고 경쟁이 치열하지 않을 때 활용하면 좋다.

> 가격탄력성價格彈力性, Price Elasticity은 상품의 가격이 변화할 때 수요에 따른 판매량이 어떻게 달라지는지를 나타내는 지표다. 즉 가격 변화에 수요가 얼마나 변하는지를 나타내는 비율이다. 일반적으로 상품의 수요는 가격이 오를 때 줄어들고 가격이 내릴 때 늘어난다.

손익분기 가격 결정법

예상 판매량을 정하고 매출액이 총비용과 일치하도록 가격을 설정하는 방식이다. 자신이 투자한 금액을 역으로 계산하면 가격이 산출된다. 이 방법으로 가격을 결정하면 반드시 손익분기를 넘겨야 이익이 발생하므로 예상 판매량을 잘 잡아야 한다.

목표 수익 기준 가격 결정법

매장을 오픈할 때 들인 투자 비용에 목표 수익을 더해 가격을 결정하는 방법으로 가장 현실적인 가격 책정 방법이라 할 수 있다. 다만, 가격 경쟁력에서 불리할 수 있으니, 경쟁사에 비해 가격이 높다면 서비스나 제품의 질을 높일 방안을 찾아봐야 한다. 이 방법의 공식은 다음과 같다.

개당 원가 = 개당 변동비 + (개당 고정비/100)
가격 = 개당 원가 + (투자 금액 × 목표 수익률)/예상 판매량

◆ 심리를 이용한 가격 책정 방법

앵커링 효과

앵커링 효과anchoring effect는 항해하던 배가 닻을 떨어뜨린 곳에 정박하듯이 처음 본 가격이 소비자 뇌리에 깊이 박히는 효과로 배

의 닻을 뜻하는 앵커anchor에서 유래한 말이다.

소비자는 특정 제품의 가격을 인지하는 순간 그것을 기준점으로 지불 가격의 범위를 정하므로 가격 책정에서 신중해야 한다. 높은 가격으로 팔다가 얼마 안 가 할인행사를 하는 식이면, 높은 가격으로 판매할 때 매출이 일어나지 않는다. 게다가 품질도 의심받게 되어 호감과 신뢰마저 잃을 수 있다. 사람도 첫인상이 중요하듯이 가격도 첫 이미지가 중요하다.

중간값의 마법

과학자들은 가격을 인지하는 행위가 뇌에 극심한 고통을 유발한다고 한다. 물건을 살 때 주머니 사정을 고려해야 하는데, 원하는 물건을 살 수 없을 때 드는 괴리감이 고통까지 안겨준다는 것이다.

아무리 비싼 제품이 비싼 값을 한다고 해도 일상적으로 소비하는 제품이라면 소비자들의 주머니 사정을 고려해야 한다. 고급화 전략과 소비자 주머니 사정의 간극을 줄이는 게 관건인데, 중간값 전략이 해결책이 될 수 있다.

◆ 원가 중심 사고의 함정

우리는 대부분 사업자보다는 소비자로 더 오랜 시간을 보냈다.

그래서 상품 가격을 볼 때 '원가 중심'으로만 생각하는 경향이 있다.

> "이 샌드위치는 재료가 이 정도 들어갔으니
> 원가가 이 정도면 적당하겠군."

하지만 상품 가격에는 이보다 더 복합적인 요소가 영향을 미친다. 내 상품 가격을 원가에 적정 마진을 붙여서 파는 것으로 만족할 게 아니라면 상품 가격을 결정하는 요소인 원가, 인건비, 브랜딩, 마케팅, 서비스를 반드시 숙지해야 한다.

원가

원가Cost of Goods Sold, COGS는 제품 또는 서비스를 만들 때 발생하는 직접적인 비용으로 재료 구매 비용, 생산 비용, 노동비 등이 여기에 포함된다. 원가는 제품의 판매 가격을 정하고 이익을 계산하는 데 중요하므로 잘 파악해야 한다.

인건비

인건비Labor Costs는 직원들에게 지급하는 급여와 관련된 비용으로 월급, 보너스, 급여는 물론 복리후생도 여기에 포함된다. 업무를 효율적으로 관리하고 노동력을 적절히 활용하려면 인건비를 제대로 책정해야 한다.

브랜딩

브랜딩Branding은 제품 또는 서비스에 대한 고객들의 인식을 관리하고 형성하는 과정으로 로고, 디자인, 컬러, 슬로건, 광고 등이 브랜딩의 요소다. 강력한 브랜딩은 소비자들의 신뢰를 얻고 제품의 가치를 높일 수 있다.

마케팅

마케팅Marketing은 제품 또는 서비스를 소비자에게 알리고 홍보하는 활동으로 광고, 프로모션, 온라인 마케팅, 소셜 미디어 등 다양한 방법으로 이루어진다. 효과적인 마케팅은 제품의 인지도를 높이고 판매를 촉진하는 데 중요하다.

서비스

서비스Customer Service는 제품 판매 후에도 소비자와 관계를 유지하고 고객 만족도를 유지하는 활동을 의미하며 불만 해결, 문의 응대, 교환·환불 처리 등이 여기에 포함된다. 좋은 서비스는 고객의 충성도를 높이고 긍정적인 평가와 리뷰를 유도하는 데 도움이 된다.

스타벅스처럼 프랜차이즈 시스템으로 운영된다면 브랜딩과 마케팅 요소들이 가격에서 많은 부분을 차지할 것이다. 우리가 스타벅스 커피 한 잔을 마시려고 지불하는 가격에는 이러한 요소들이 다

포함되어 있다.

◆ 내 상품이 얼마에 팔릴까

앞으로 장사를 할 사람이라면, 그것도 장사를 해서 성공할 사람이라면 가격의 관점을 소비자가 아닌 생산자의 관점으로 바라봐야 한다.

"내 상품이 얼마에 팔릴까?"를 고민하는 것은 철저히 소비자의 관점이다. '상품 원가에 마진을 약간 더해서 팔면 되지 않을까' 생각한다면 그때부터는 다소 힘든 길이 펼쳐진다. 많은 자영업자가 '인건비 따먹기'라고 표현하는 험난한 가시밭길을 가겠다는 뜻이기 때문이다.

애초에 적정 가격은 고객이 으레 그 가격으로 지불하는 평균치에 불과할 뿐 이것이 정답도 아니고 유일한 선택지도 아니다. 현재 3,800원에 샌드위치가 팔리니까 나도 이 가격으로 시작하면 팔린다는 건 인건비 따먹기 게임방에 입장하는 것이다.

인건비 따먹기 게임은 사장이 일한 만큼의 시급을 겨우 얻는 무한 노동의 세계이다. 시급을 받기 위해 일한다면 다른 가게의 직원으로 일하는 것이 낫지 리스크를 감수하며 장사를 할 이유가 없다. 우리는 인건비를 얻기 위해 장사하는 게 결코 아니다.

◆ 가격 결정의 구조

그렇다면 가격은 어떤 구조에 따라 결정될까? 내가 원하는 가격을 고객이 받아들이게 하려면 어떻게 해야 할까? 이를 알려면 먼저 가격이 결정되는 원리를 알아야 한다.

고객이 가격에 대가를 지불할 때는 그 최고 한도가 있다. 예를 들어 핫도그 1개에 100만 원을 받고 팔 수는 없다. 이를 '유보가격'이라고 한다. 쉽게 말해 '이 상품이 얼마이면 소비자가 사지 않을 것인가?'에 관한 개념이다. 핫도그 1개가 1만 원이면 소비자가 살까? 누군가는 그만한 가치가

> 유보가격Reservation price은 소비자가 어떤 제품을 사려고 할 때 지불할 마음이 있는 최대 가격으로 소비자가 느끼는 제품의 가치나 효용, 선호도에 따라 달라지며 개인에 따라서도 차이가 클 수 있다. 보통 소비자는 제품의 판매가격이 유보가격보다 낮으면 구매를 실행한다.

있다면 지불할 것이다. 1개에 100만 원인 핫도그는 아무도 안 사겠지만 1개에 1만 원인 핫도그에는 누군가 돈을 지불할 수도 있다.

그렇다면 핫도그 1개를 1만 원에 판다고 '유보가격'을 정해두고 시작하자. 다음 순서는 여기서 천천히 가격을 내리는 것이다. 그럼 질 좋은 재료를 넣은 핫도그를 반값인 5천 원에 팔면 어떨까? 많은 자영업자가 대부분 이런 식으로 가격을 정한다. 앞서 언급한 '소비자의 관점'으로 가격을 보기 때문이다.

이 핫도그의 가격을 정하려면 1개에 1만 원의 가치가 있는 핫도그를 홍보하기 위한 브랜딩과 마케팅 등 눈에 보이지 않는 요소들

핫도그의 품질이 좋고 맛이 있으면 약간 비싸더라도 구매하는 사람이 반드시 있다.

까지 고려해야 한다. 만약 1만 원의 가치가 있는 핫도그를 5천 원에 판다면 잘 팔리긴 하겠지만 결국 순수익률이 떨어져 1인 사장인 판매자의 동력을 떨어뜨릴 것이다.

판매가 잘될수록 자기 살을 파먹는 이런 상황이야말로 1인 사장님이 가장 경계해야 한다. 그 이유는 바로 제품수명주기PLC 때문이다.

우리가 판매하는 모든 상품은 고객에게 팔릴 수 있는 시간이 있다. 처음에는 상품의 존재를 고객이 알게 되고 그다음 일정 고

> 제품수명주기|Product Life Cycle는 제품이 시장에 들어왔다가 사라지기까지 전 과정이다. 제품의 수명은 제품에 따라 다르지만 대개 도입기·성장기·성숙기·쇠퇴기를 거친다. 기업은 계속 성장하려면 언제나 성장기에 있을 만한 제품을 라인에 끼워 두고 신제품을 개발하거나 경영을 다각화해야 한다.

객이 구매를 하고 이후 더 많은 고객이 상품을 찾게 된다. 판매의 절정기를 맞게 된 이후에는 쇠퇴기를 맞게 되는데 이렇게 쇠퇴기

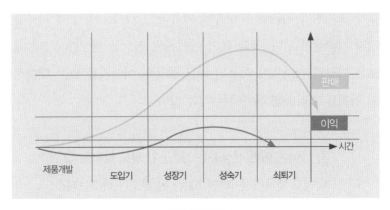

제품수명주기

에 접어든 상품의 수명을 연장하려면 마케팅과 프로모션이 필요하다.

이처럼 한 상품의 수명주기를 염두에 둔다면 단순히 상품 가격을 원가 중심으로만 생각해서는 안 되는 이유가 분명해진다. 상품의 유보가격을 정할 때는 상품 쇠퇴기에 필요한 마케팅과 프로모션 비용까지 녹여내야 한다.

이렇게 보면 앞서 예로 든 핫도그는 5천 원이 아닌 1만 원과 5천원 사이로 가격을 잡아야 한다. 그럼 5천 원에서 1만 원 사이의 가격 구간 중 어느 가격을 적정선으로 정해야 할까?

◆ 고객의 가격 예측값

이때 알아야 할 것이 바로 고객의 '가격 예측값'이다. 가격 예측값은 소비자가 가격을 머릿속에 예측하는 가격으로 구매 의사결정의 기준점이 된다. 예를 들어 아이폰의 신상품 광고를 볼 때 새로운 기능과 디자인이 적용된 해당 상품의 이미지를 보고 대략적인 가격을 머릿속에 예측하는 것과 같다.

"음, 아이폰 이번 신상품은 250만 원 정도 하겠는데?"
"저 정도 텔레비전이라면 100만 원 정도는 하겠는데?"

중요한 것은 고객이 이렇게 예측할 때 가격은 원가 분석을 토대로 한 것이 아니라는 점이다. 고객은 단지 예전에 흔히 지불했을 법한 가격에서 해당 상품의 추가된 기능과 디자인을 감안해 자신이 지불할 만한 가격을 추론하게 된다.

이것이 바로 소비자의 가격 예측값이다. 그렇다면 소비자의 가격 예측값은 무시해도 될까? 절대 그렇지 않을뿐더러 매우 중요하다. 예를 들어 할인 마트에서 새롭게 론칭한 치즈돈까스를 할인 행사한다고 해보자. 판매원은 시식 코너를 운영하면서 이렇게 말한다.

> "고객님, 이 돈까스는 전북 임실 치즈를 넣고
> 국내산 한돈으로 만들어 아이들도 부담 없이
> 먹을 수 있습니다. 이 돈까스 가격은 4만 원입니다."

여러분이라면 이 가격에 돈까스를 구매하겠는가? 아마 구매하지 않을 것이다. 소비자의 예측값을 한참 벗어났기 때문이다. 소비자는 국내산 한돈과 전북 임실 치즈로 만든 돈까스의 퀄리티가 높을 것이라는 점은 인정하지만, 이를 감안한 적정 가격 예측값의 범위에서 벗어나면 그 상품을 구매하지 않는다.

그렇다면 중요한 건 가격 예측값을 어떻게 정하느냐일 텐데, 이 때 필요한 것이 시장조사다. 자신이 판매하려는 카테고리에서 최고가인 상품과 최저가인 상품을 모두 조사해보면 그 안에서 자신이 어떤 가격 포지션을 정해야 할지 답이 나온다.

시장조사라고 하니 인터넷 검색으로 대략적인 가격을 파악하는 사람도 있는데, 나는 판매 현장에 가보라고 권한다. 예를 들어 핫도그를 판매한다면 프랜차이즈 매장과 할인마트의 냉동 핫도그 상품, 레스토랑에서 판매하는 고급 핫도그 등을 모두 먹어보고 그 퀄리티를 비교할 필요가 있다.

내가 중고가 핫도그 시장을 공략하기로 했다면 그에 맞는 원가를 분석해 가격 하한선을 정하고 유보가격 개념을 반영해 가격 상한선을 정한다. 앞서 언급한 핫도그라면 1만 원과 5천 원의 하한선 사이에서 상한선에 얼마나 가까울 것이냐가 적정 가격일 것이다.

이때 자신이 어느 정도의 브랜드 요소를 넣을지, 프로모션과 마케팅을 얼마나 할지 등을 감안해 결정하는 것이 좋다.

프로모션promotion은 판매활동을 좀 더 원활하게 하고 매출액을 늘리려고 실시하는 모든 마케팅 활동을 말한다. 대중매체를 활용하는 광고, 할인을 하거나 경품을 증정하는 촉진 활동, SNS 등을 이용한 홍보 등이 있다.

"나는 브랜딩과 마케팅 비용을 최소한으로 해서
가성비 있는 핫도그를 만들 거야!"
"나는 직장인이 한 손에 쉽게 들고 다니며 공원 등에서도
간편하게 먹을 수 있는 핫도그를 만들 거야!"
"나는 아이 엄마들이 아이에게 건강식으로 먹일 수 있는
핫도그를 만들 거야!"

이렇게 되면 핫도그 가격은 5천 원부터 1만 원까지 다양해질 수 있다. 그리고 당연한 얘기겠지만 브랜드 요소가 들어간 핫도그로 고객을 설득하면 핫도그를 더 비싼 가격에 팔 수 있다.

◆ 가격에서 숫자 표기의 비밀

시장조사를 하려고 매장에 표기된 메뉴판을 보다 보면 가격이 대부분 비슷한 방식으로 표기되어 있는 걸 알 수 있다. 예를 들어 옷가게에 가면 티셔츠가 9,900원, 신발 가게에 가면 신발 한 켤레에 28,500원, 음식점에 가면 세트메뉴가 19,900원 하는 식이다.

조금이라도 더 저렴하게 보이려고 이렇게 한다는 건 누구나 알고 있지만, 이는 소비심리학에 기반한 방식이다. 보통 끝자리를 9나 8로 표기하는데 음식점의 경우는 객단가가 낮기 때문에 가격을 표기할 때 100원 단위의 할인은 좀처럼 하지 않는 편이다.

예를 들어 4인 가족 도시락 세트메뉴가 39,800원이라고 하면 너

자주 쓰이는 가격 패턴

가격이 만 원대인 경우	가격이 천 원대인 경우
~19,800원	7,900원
~17,800원	6,900원

봄맞이 이벤트

굴비 40미 1.6kg 16cm 내외
19,800 택배 무료배송!

복날엔 오빠가 쏜닭!
"크리스피 베이크" 9,900원

가격을 정할 때 ~900원, ~800원 식으로 해서 앞자리를 될 수 있으면 줄이고 뒷자리 수를 꽉 채우는 경우가 많다.

무 속이 보인다. 소비자로서는 "800원은 뭐야?" 할 수 있다. 이 때문에 39,000원으로 정해서 판매하기도 한다.

적정 가격이라는 기준점은 사람마다 다를 수 있지만 나는 수강생들에게 "어설프게 고객을 속이려고 하지 말라"라고 강조한다. 35,000원이나 39,000원은 고객이 느끼는 가격의 체감이 비슷한 범주에 있다.

35,000원으로 정한 다음에 조금이라도 더 올려보려고 35,800원

으로 숫자를 맞추는 경우가 있는데, 이는 오히려 고객에게 계산만 복잡해지게 할 뿐이다. 따라서 100원 단위까지 쪼개지 말고 1,000원 단위로 굵직하게 가격을 정해둘 필요가 있다.

 가격을 조금이라도 더 높게 받고 싶으면 35,800원이 아니라 39,000원으로 가격을 정하고 이벤트나 서비스를 더 챙겨라.

가격이 비싸도 잘 팔리는
아이템 찾는 법

사업은 매출을 올리기 위해 하는 것이고 매출을 올리려면 가격을 올려야 한다. 만약 이러한 기본 전제를 인정하지 않는다면 그 장사는 접어야 하는 게 맞을지 모른다.

나에게 컨설팅을 받으러 온 자영업자 중에는 10년, 20년 넘게 같은 자리에서 같은 업종을 해온 경우가 많다. 장사를 해서 돈을 벌었는지 못 벌었는지를 떠나 장사하면서 10년 이상 버텼다는 것 자체가 대단하다고 생각한다.

하지만 노력과 끈기로 잘 버텼다고만 하기엔 고생한 만큼의 보람이 없다. 고생한 만큼의 보람이란 내가 10년을 했다면 그만한 매출을 더 올려서 가게를 확장하거나 단골이 늘어났어야 하는데 안타깝게도 그렇지 못한 자영업자들이 더 많은 상황이다.

◆ 나에게 맞는 아이템을 찾는 과정

가격을 올리기엔 아이템이 맞지 않는다고 생각할 수도 있다. 그럴 때는 과감하게 아이템을 바꿀 필요가 있다. 아무리 10년 넘게 해온 아이템이라고 해도 수익률이 도저히 나오지 않으면 교체하는 것이 맞지 않을까.

장사하면서 가격을 계속 올릴 기회를 찾는다는 건 다시 말해 나에게 맞는 아이템을 찾아가는 과정이기도 하다. 나 역시 지난 경험이 나에게 맞는 장사 아이템을 찾는 과정이었으니 말이다. 그러려면 새로운 시도를 계속해야 한다. 만약 창업을 처음 한다면 먼저 3가지 메뉴를 염두에 두고 시작해보자.

3331의 법칙은 『4평 매장 사장 되기』에서도 언급한 개념으로, 우리 가게에서 처음에 팔아야 할 3가지 대표 메뉴를 정하는 과정이다. 예를 들어 샌드위치 가게를 한다면 3,500원짜리 단품, 6천 원짜리 상품, 8천 원짜리 세트 메뉴를 만드는 것이다. 이때 3,500원짜리 상품은 고객을 매장으로 유도하려는 이른바 '미끼 상품'에 해당한다.

그렇게 3개월 정도 테스트를 해보면 어떤 상품이 가장 잘 팔리는지 알 수 있다. 만약 6천 원, 8천 원짜리 상품이 골고루 잘 팔린다는 게 검증되었다면 그다음에는 마진율이 낮은 미끼 상품을 쳐내야 한다. 그렇게 대표 메뉴 2가지에 집중하는 시기가 되면 매출은 어느 정도 안정되면서 순수익률을 점차 높여나가는 시기로 접어든다.

이 시기에는 6천 원짜리 상품과 8천 원짜리 상품이 서로 경쟁을 한다. 이때 메뉴를 연구해 15,000원짜리 메뉴를 새롭게 개발한다. 이렇게 3가지 상품이 경쟁하도록 하면서 또다시 이 셋 중 어떤 메뉴가 가장 높은 매출을 견인하는지 판단하는 테스트를 한다. 만약 15,000원짜리 메뉴가 가장 잘 팔린다면? 6천 원짜리 메뉴 판매를 중단하면 된다. 이렇게 가지치기를 하면서 단계적으로 제품의 단가를 올려 나가는 것이 가장 쉽게 가격을 올리는 전략이다.

◆ 시그니처 메뉴와 미끼 상품은 다르다

메뉴와 가격의 관계는 시어머니와 며느리의 관계와 같다. 시어머니가 잔소리만 하면 며느리가 멀어지듯, 가격이 비싸기만 한 메뉴는 고객에게서 멀어진다. 상품의 퀄리티가 좋으면서 메뉴 가격이 적정하면 고객은 그 메뉴에 자석처럼 이끌리게 되어 있다.

그런데 메뉴를 구성할 때 미끼 상품과 대표 상품을 헷갈리는 경우가 종종 있다. 시그니처 메뉴는 미끼 상품이 아니다. 우리 가게를 대표하는 메뉴로 적정 가격이 책정되어 입소문을 타야 하는 시그니처 메뉴는 손해를 보고 파는 미끼 상품과는 성격이 다를 수밖에 없다.

반면 미끼 상품은 메뉴판에 오르지 않는 '반짝 상품'으로 고객이 호기심에 매장을 방문하도록 하려고 만든다. 미끼 상품은 일정 기간만 입간판으로 가게 앞에 전시하며 고객을 유도하는 마케팅 상품이다.

예를 들어 샌드위치의 경우 원 피스(1piece) 상품을 1천 원에 판매한다면 이는 미끼 상품에 해당한다. 고객이 입간판을 보고 들어와서 이를 먹어보고 샌드위치 1개를 주문하도록 하려는 것이다.

시그니처 메뉴를 미끼 상품으로 해서 가격을 파격적으로 낮추어 파는 것은 하지 말자. 가격에 대한 고객의 심리적 저항은 생각보다 꽤 힘이 세다. 미끼 상품으로 3천 원에 먹는 샌드위치에 길들여진 고객은 다른 샌드위차나 도시락은 쳐다보지도 않을 것이다. 미끼 상품이 워낙 가성비가 좋기 때문이다.

이렇게 되면 미끼 상품은 불티나게 팔리겠지만 사장은 앞에서 벌고 뒤에서 손해 보는 장사를 계속해야 한다. 처음엔 기분 좋게 느껴지겠지만 결국 돈과 체력이 바닥나고 나서 후회하는 일이 비일비재하다.

"저는 미끼 상품으로 할 만한 메뉴가 없어요."

간혹 디저트 가게를 하는 사장님들이 이런 고민을 얘기할 때가 있다. 수제잼이나 샌드위치 가게를 한다면 조각 상품을 파는 게 생각보다 쉽지 않다는 걸 알 수 있다. 하지만 꼭 메인 메뉴를 미끼 상품화할 필요는 없다. 경우에 따라서는 서브 메뉴를 미끼 상품으

직접 발효한 콤부차를 미끼 상품으로 내놓아 좋은 반응을 얻었다.

로 만들기도 한다. 예를 들어 나는 대표 메뉴인 샌드위치 상품을 마케팅하기 위해 '콤부차'를 미끼 상품으로 내건 적이 있다.

당시 콤부차가 SNS를 통해 다이어트에 효과가 있다고 알려지면서 인기가 높아지던 시기였다. 그래서 매장을 방문한 고객에게는 직접 우려낸 콤부차 한 잔을 저렴한 가격에 팔면서 샌드위치를 알렸다. 그랬더니 매장을 찾는 고객이 훨씬 늘면서 샌드위치 매출도 덩달아 늘어났다. 콤부차는 메뉴판에도 없던 메뉴였고 샌드위치를 홍보하기 위한 말 그대로 미끼 상품이었던 것이다.

이런 미끼 상품의 효과는 이미 널리 알려져 있다. 맥도날드에서는 어린이를 겨냥해 메뉴를 주문하면 장난감을 주는 '해피밀' 상품을 판매하고 있다. 아마도 해피밀은 원가를 감안하면 마진율이 높은 세트 메뉴는 아니었을 것이다. 하지만 해피밀은 아이가 있는 부모 고객을 유도하려는 미끼 상품이었다. 아이에게 해피밀을 사 주면서 어른 고객은 다른 맥도날드 메뉴를 주문할 테니 말이다.

미끼 상품의 가격은 누가 봐도 파격적이어야 한다. 미끼 상품은 주연이 아닌 엑스트라다. 관객(고객)들의 눈길을 끌고 주인공을 바라보게 만드는 엑스트라를 꼭 활용해보자.

맥도날드 해피밀 포스터 ©맥도날드

◆ 최적의 장사법

"잘 팔리는 메뉴를 단번에 가지를 꼭 쳐야 하나요?
기왕이면 팔리는 메뉴를 다 유지하면 안 될까요?"

이렇게 질문하는 사장님들도 있다. 하지만 우리가 몸이 하나인
1인 사업자라는 점을 기억해야 한다. 우리의 목표는 내 몸을 완전
히 축내면서 매출은 높지만 마진율이 낮은 가게를 운영하는 게 아
니다. 오히려 최대한 일은 덜하면서 순수익률이 높은 사업 구조를
만들어가는 것이 중요하다.

나 역시 이런 전략으로 지금까지 매출과 순이익률이 모두 높은
사업 구조를 만들어왔다. 처음에는 샌드위치 전문점으로, 이후에
는 도시락을 거쳐 케이터링 박스까지 오면서 일하는 시간은 적게,
수익은 최대한 높게 만드는 구조를 완성할 수 있었다.

처음에 샌드위치를 판매하는데 장사가 잘되어 이후 도시락 시장
을 개척했다. 하지만 도시락 역시 다양한 메뉴를 주문 수량에 맞
게 동일하게 담으려면 손이 무척 많이 간다.

도시락을 해본 사람은 알지만 음식 6종으로 구성되었을 경우 메
뉴를 한 상자에 여섯 번 나누어 담아내야 하는데 이게 해보면 보
통 일이 아니다. 음식을 담다가 재료가 흐르면 닦아야 하고 모양
이 틀어지면 바로잡아줘야 한다. 이렇게 하면 도시락 하나에 손이
너무 많이 가게 된다.

◆ 점점 손이 덜 가는 메뉴를 하라

케이터링 박스를 하면 똑같은 메뉴를 하는데도 제조 시간이 최소 1~2시간 단축된다. 케이터링 박스는 음식을 소분하지 않고도 한 번만 담으면 되기 때문이다. 이렇게 해도 매출은 지속적으로 발생하니 똑같은 시간을 투자한다면 도시락보다 케이터링 박스를 하는 것이 순이익률을 높이는 선택이 된다.

나 역시 샌드위치에서 도시락으로 메뉴를 단번에 옮긴 것이 아니다. 샌드위치와 도시락을 겸해서 해보고 매출 대비 순수익률이 도시락이 더 높다는 데이터가 확인된 이후 샌드위치 단품을 절판시켰다.

케이터링 박스 역시 도시락과 병행해서 판매하다가 적정 판매 데이터가 확보된 이후 케이터링 박스의 경쟁력이 월등하다는 사실을 확인하고 도시락 판매를 줄였다. 이런 식의 아이디어를 접목하려고 노력하는 건 현재도 계속되고 있다.

◆ 음식판매에서 강의 사업으로

요즘 내가 주력하고 있는 사업은 '창업 교육 시장'이다. 인건비와 재료비가 적잖게 들어가는 도시락 또는 케이터링 사업과 달리 교육은 지식 사업으로 나의 노하우와 아이디어를 알려주기만 하면

샌드위치에서 도시락으로 그리고 케이터링으로 손이 덜 가는 메뉴로 바꾸었다.

된다. 재료비 역시 교육에 참가한 이들의 인원수만큼 준비하면 되기 때문에 마진율이 무척 높다.

또 막상 강의를 해보니 내 적성에도 무척 잘 맞는다는 사실도 알게 되었다. 사람을 만나고 수강생들이 내 강의를 통해 성장하는 모습을 보면 나 역시 자극을 받기도 한다.

현재는 사업 구조가 크게 케이터링과 교육 파트로 나눌 정도로 강의는 부가가치가 높은 사업으로 점차 성장하게 되었다.

우리 가게의
'데이터'를 파악하라

대부분 초보 사장님들은 가격을 '감으로' 책정한다. 길 건너 가게에서 5,800원에 팔고 있으니 나는 5,500원에 팔면 되겠지 하는 식이다. 장사를 해서 이익을 남기고, 미래에도 장사가 유지될 수 있는 돈을 비축해야 하는 사장님은 가격을 이렇게 대충 정해서는 안 된다. 가격을 정할 때는 철저히 원가를 계산하고 100원 단위까지 가격의 본질을 파헤쳐 우리 가게에 맞게 정할 필요가 있다.

◆ 재료비의 비율

많은 초보 사장님이 궁금해하는 것이 '가격을 정할 때 재료비는 얼마나 책정해야 하는가이다. 가게를 운영하는 방식에 따라 차이가 있겠지만 나는 30%를 초과하지 않는 것으로 정하는 편이다. 그다음으로 가격에서 가장 많은 비중을 차지하는 것이 인건비 항목인데 나는 20%를 초과하지 않는다는 원칙을 세워두고 있다. 원가를 차지하는 비용을 분석하는 공식은 다음과 같다.

단가 책정의 바탕이 되는 원가 비율

퍼센트	구분
30	1차 원가(식자재)
20	2차 원가(인건비, 임대료, 포장 등)
10	각종 공과금과 세금 등
10	로스, 할인, 홍보비용 등
30	순수익(시설 재투자, 메뉴 수업, 테스트, 보너스)
100	

중요한 건 이 공식이 아니더라도 사장이 자신만의 데이터를 갖고 철저히 숫자 기반으로 준비해야 한다는 것이다. '남들이 그렇게 하니까 나도 한다'거나 '이 정도 받으면 그래도 남겠지'처럼 주먹구구로 정해서는 결코 안 된다.

지인인 한 자영업자는 장사한 지 반년이 넘도록 매달 가게의 고정지출이 얼마나 나가는지조차 제대로 몰랐다. 분명히 돈을 벌기는 벌었는데 월말에 결산해보면 세금이 훅 빠져나가고, 카드값이 빠져나가면 자기도 모르는 사이에 적자가 되기도 한다.

◆ 나만의 데이터를 만들자

숫자에 약하다는 이유로 매출이나 비용, 순이익 계산을 어려워하는 사장님들도 있다. 그러나 숫자 계산이라고 해서 재무나 회계 능력을 갖춰야 하는 건 아니다. 매일 우리 가게에서 발생하는 매출과 비용, 현재 자금 현황 등 기본적으로 집에서 가계부를 쓰듯 이정도 항목만 기록하는 것으로도 데이터가 관리된다. 그리고 이렇게 기록한 데이터를 주별, 월별로 분석하면서 나만의 데이터를 만들어가는 것이다.

그러면 우리 가게는 평일과 주말 중 언제 매출이 잘 나오는지, 하루 중 매출이 잘 나오는 시간은 점심인지 저녁인지 등을 파악할 수 있게 된다.

이렇게 데이터를 분석해두면 한 가지가 편리하다. 매출이 나오지 않는 시간대를 발견했으면 그 시간에는 좀 쉬거나 가게 문을 굳이 일찍 열지 않는 것이다. 어떤 사장님은 아침 6시에 오픈해서 쿠키를 굽는데 한 달 매출을 분석해보니 저녁 7시에 매출이 가장 높다는 사실을 알게 되었다.

그리고 오전 7시부터 오전 9시까지는 매출이 거의 없다시피 하다는 걸 알게 되자 그 시간에는 가게 문을 닫고 레시피 연구를 했다. 그리고 매출이 가장 높게 나오는 저녁 7시대에 새로운 레시피를 선보였더니 오히려 매출이 늘어났다. 이것이 바로 데이터 분석의 힘이다.

"그래도 왠지 아침에 문을 열지 않는 건 찜찜해요."

가끔 직장인 마인드로 매일 아침 일찍 가게 문을 열고 늦게 닫아야 한다고 생각하는 사장님이 있다. 하지만 포기할 수 있는 건 과감히 포기해야 한다. 그것이 장사하느라 피곤한 내 몸을 위하는 길이고 가게 매출을 조금이라도 더 올리는 방법이다. 앞서 언급한 쿠키집 사장님의 경우 매출이 잘 나오는 저녁 7시에 더 집중하고 알바생을 이때 배치하는 것이 훨씬 더 효율적인 영업 전략이다.

◆ 빈 시간에 해야 할 일

그렇다고 오전에는 아무것도 안 하고 노느냐 하면 그렇지 않다. 이때에는 오히려 새로운 메뉴를 개발하거나 사장의 역량을 키우는 공부에 시간을 투자해야 한다.

나는 끊임없이 정보를 습득하고 공부하는 시간을 만드는 편이다. 3월에는 도시락 주문이 많고 5월에는 가족 행사로 매출이 높아졌다가 10~12월에 매출이 상승곡선을 그린다는 것도 데이터를 분석하면서 알게 된 사실이다.

1년 동안 매출의 상승과 하강 곡선을 알게 된 뒤에는 어떻게 영업했을까? 매출이 없는 시기에는 도시락 홍보와 마케팅에 집중했다. 홍보 효과라고 하는 것이 오늘 한다고 해서 내일 곧바로 효과가 나오는 것이 아니다. 최소한 2주 내지는 1개월이 걸린다.

그리고 주문이 많이 들어오는 달에는 집중적으로 알바를 두고 도시락을 만든다. 데이터를 분석해 이런 흐름을 예측할 수 있게 되면서 예전보다 가게 운영이 한결 편해졌다. 비수기 때는 여행을 가거나 재충전을 하고, 자기계발을 하는 시간을 가지면서 비수기에 흔히 겪었던 스트레스도 사라졌다.

할인이나 특정 이벤트를 할 때도 데이터 분석은 유용하다. 우리 가게를 자주 찾는 손님의 성별이 남자인지 여자인지, 어떤 요일에 매출이 높은지를 알면 예를 들어 '여성이 행복해지는 화요일 오후 2시 이벤트'를 만들어낼 수 있다. 데이터를 쌓고 이를 분석하는 습관을 들이면 정보를 활용할 수 있다. 이것이 소상공인이 탄력적으로 일하는 힘을 준다.

초보 사장이
하지 말아야 할 실수

이 책에서 계속 강조하는 부분이 '박리다매'를 하지 말라는 것이다. 싸게 많이 팔면 돈을 벌 것 같지만 이는 수많은 자영업자를 망하게 하는 지름길이다. 박리다매는 결코 1인 가게가 추구해서는 안 될 영업 전략이다.

◆ 가격저항감을 줄여라

창업을 하고 나서 가장 많이 하는 이벤트가 '오픈 기념 50% 할인'과 같은 것이다. 요즘은 커피 전문점이 오픈 특가로 이런 이벤트를 많이 하는 것 같다. 고객으로서는 반값에 상품을 구입할 수 있고, 자영업자로서는 이른바 '오픈발'을 극대화할 수 있어서 좋을 것 같지만 절대 그렇지 않다.

이는 고객 입장에서 생각해보면 바로 이해가 된다. 정가가 8천 원인 샌드위치를 4천 원에 사 먹을 때는 손님이 많다. 그런데 문제는 가격을 원래대로 복구했을 때다.

> "지난번에는 4천 원 주고 먹었는데 똑같은 샌드위치를
> 이번에는 8천 원을 내려니 괜히 손해 보는 기분이다."

고객은 자연스럽게 이런 생각을 한다. 그럼 샌드위치를 아무리 좋아하는 고객이라도 지갑을 선뜻 열기가 어려워진다. 가격에 대한 저항감이 생기는 것이다.

사장님 입장에서는 단골을 확보하고 내가 조금 덜 가져가더라도 고객에게 최대한 이득을 주려고 좋은 마음으로 그랬을 것이다. 그런데 이게 오히려 역효과를 내는 것이 문제다. 고객에게 이득을 주려면 결코 가격을 깎아주어서는 안 된다. 고객이 할인 효과를 느끼고 다시 우리 매장에 오도록 일종의 '장치'를 만들어주는 것이 중요하다.

쉽게 말해 고객이 우리 매장에 다시 올 수 있는 행동 패턴을 만들라는 것이다. 예를 들어 5천 원짜리 샌드위치를 판다고 하면 500원을 깎아주기보다는 500원짜리 쿠폰을 주거나 적립해주는 것이 훨씬 더 낫다.

이렇게 되면 고객은 오픈 기념으로 받은 쿠폰을 쓰기 위해서라도 그 가게를 다시 방문할 확률이 높아진다. 자신이 할인해주고자 하는 만큼 쿠폰이나 적립 등으로 고객이 다시 매장에 올 수 있는 구조를 만들면 가격을 깎지 않고도 단골을 만들기가 쉬워진다.

◆ 데이터를 쌓아라

이렇게 해야 하는 또 다른 이유는 '판매 데이터'를 빨리 쌓기 위해서다. 앞서 언급했듯이 매장을 효율적으로 운영하려면 판매 데이터가 필요한데 오픈하고 얼마 안 된 시점에서는 고객의 구매 데이터가 전혀 없으므로 될 수 있으면 빠르게 이 데이터를 만드는 게 중요하다. 오픈 기념으로 세일을 하는 진짜 이유도 바로 여기에 있다.

이렇게 어느 정도 데이터가 쌓인 상태에서는 언제 가격을 올릴지, 프로모션은 언제 하는 것이 가장 효율적일지 정확히 판단할 수 있다.

오해하지 말아야 하는 것이 나는 할인이나 프로모션을 반대하는 것이 결코 아니다. 할인과 판촉 이벤트는 늘 진행해야 한다. 그래야 고객이 우리 매장에 관심을 두고 한 번이라도 더 방문할 것이기 때문이다.

이벤트가 없는 매장은 고객이 순환되지 않고 매장 분위기도 생기가 없다. 프로모션은 고객에게 '조금이라도 싸게 구입한다'는 이미지를 주기 때문에 웬만하면 자주 진행할 필요가 있다.

또 한 가지 주의할 점은 '고객에게 싸게 파는 것'이 아니라 '고객이 이득을 보았다'는 느낌을 주도록 하는 것이다. 이 둘은 비슷하면서도 큰 차이가 있다. 고객이 심리적으로 가격이 싸다고 해서 사는 건 일시적이다.

오픈 이벤트 반값 특가처럼 반짝 세일에는 상품의 퀄리티나 매장의 분위기 같은 건 생각하지 않고 지갑이 쉽게 열린다. 하지만 그때뿐이다. 요즘 소비자들은 싼 게 비지떡이라는 걸 너무 잘 안다. 그렇기에 가격이 터무니없이 싸면 오히려 의심한다.

"도대체 뭘 넣었길래 저렇게 싸게 파는 거야?"

하지만 고객이 물건을 사면서 '이득을 봤다'는 생각이 든다면 그 매장을 자주 찾게 된다. '원래 저 매장은 세일을 잘 안 하고 물건이 좋은데 이벤트를 하네? 그러면 얼른 사는 게 이득이지.' 고객이 이렇게 생각하게 만드는 사장님이 고수다. 거듭 가격을 고가로 책정해서 팔라고 하는 것은 이런 이유 때문이다.

이 가격에는 사장님의 노동력을 충분히 보상해주는 인건비가 포함되어야 한다. 원가 기준으로 보면 3~4배 정도라고 이해하면 쉽다. 예를 들어 샌드위치 원가가 2천 원이라면 약 8천 원에 판매되어야 한다.

원가의 3~4배라는 것은 판촉과 프로모션을 통한 할인까지 염두에 둔 가격이다. 할인값의 비중은 판매가의 10%를 잡으면 된다. 이렇게 보면 판매가를 어떻게 잡아야 할지 감이 올 것이다.

 가격은 인건비를 포함해서 원가의 3~4배 정도로 책정해야 한다.

가격을 언제 올리는 게
좋을까

"대표님, 이제 장사가 조금 되는 것 같은데
가격을 언제 올려야 할지 감이 잘 안 와요."

대림동에서 수제쿠키 전문점을 운영한 지 1년 된 Y사장님이 고민스러워했다. 이 사장님은 매일 아침 쿠키를 구워서 센스 있는 토핑으로 장식한 뒤 고객에게 한정판으로 세트당 8천 원에 판매하는데, 그 덕분에 오픈 1년 만에 적잖은 단골을 확보했다.

그런데 매출 대비 마진율이 터무니없이 낮아서 사장님 인건비만 겨우 건지는 상황이었다. 그렇다면 가격을 올려야 할 텐데 그 시기를 언제로 잡는 것이 좋을까?

◆ 가격을 올려야 할 절호의 타이밍

이런 고민을 하는 사장님들이 너무 많다. 가격을 올려야 할 시기는 사장님 자신이 가장 잘 안다. 내 경우 샌드위치가 하루에 100개 정도씩 팔릴 때 '안정적으로 팔리고 있다'는 느낌이 왔다. 그리고 바로 이때가 가격을 올려야 할 시기라고 생각했다.

사실 가격을 올려야 하는 시기가 딱 정해져 있는 건 아니다. 일반적으로 여름휴가 시즌 직후나 설 또는 추석 같은 명절 직후에 가격을 올리지만, 상품 구성을 보강해서 가격을 올리는 건 언제든 해도 좋다.

새로운 상품을 만들어 가격을 올릴 때도 잊지 말아야 할 것은 가성비와 가심비다. 고객이 해당 상품을 구입한 뒤 자신이 득을 봤다는 생각이 들어야 한다. 따라서 3,500원짜리 샌드위치 단품이 잘 팔렸다면 여기에 여러 가지 추가 상품을 구성해서 세트 메뉴로 7천 원에 파는 식의 아이디어를 구상해야 한다.

상품 구성을 새롭게 한다는 것이 꼭 메뉴 개발을 새로 한다는 것은 아니다. 똑같은 샌드위치인데 맛을 약간 새롭게 한다거나 소스를 추가하는 식이어도 괜찮다. 내 경우 샌드위치에 수제 딸기잼을 넣고 아이용 샌드위치를 만들어 가격을 올린 적도 있다. 기존 상품과 똑같은 구성에 가격만 올리는 게 아니라면 이 정도 변화만으로도 가격을 올릴 충분한 이유가 된다.

간혹 매장에서 '원재료 상승으로 가격을 인상했습니다'라는 문

시판 딸기잼이 아니라 수제 딸기잼을 넣는 등 메뉴를 약간 바꿔 가격을 올리는 것이 설득력이 있다.

초창기 샌드위치와 한 단계 업그레이드한 큐브샌드위치

구를 볼 때가 있다. 상품 메뉴와 구성은 똑같은데 재료비나 인건비 상승으로 가격을 올린다고 하면 어떨까? 고객으로서는 당연히 기분이 좋을 리 없다.

요즘 소비자들은 물가에 무엇보다 예민하다. 그리고 인플레이션으로 재료비와 인건비가 지속해서 오른다는 건 누구나 아는 사실이니 이 요소들만으로 가격을 올리기에는 설득력이 부족하다.

"수제 딸기잼이 들어간 아이용 샌드위치 신메뉴 출시"

이렇게 차라리 약간의 메뉴 변화로 가격을 올리는 게 더 낫지 않을까? 원재료 상승을 이유로 가격을 올리는 것보다 훨씬 더 설득력이 있기도 하다. 고객에게 '우리 매장은 이렇게 나날이 발전하고 있다'는 이미지를 줄 수도 있다.

◆ 가격은 계속 올라야 한다

가격을 올릴 때 아주 작은 글씨로 '원재료 상승으로 불가피하게 가격을 올렸습니다. 죄송합니다'라고 적어도 고객은 금방 눈치챈다. 사장이 자기가 파는 상품에 자신이 없는데 가격을 올리면 이렇게 된다. 내가 서비스를 파는 것인데 왜 당당하지 못할까?

"혹시 업그레이드한 메뉴가 고객 반응이 더 안 좋으면 어쩌지?"

"재료를 추가한 것을 고객들이 싫어하는 건 아닐까?"

이런 고민을 하는 사장님들도 있을 것이다. 하지만 꼭 준비된 상태로 가격을 올려야 한다고 생각할 필요는 없다. 가격을 올린 이후 메뉴를 보완해도 상관없다. 가격을 올린 만큼 고객에게 뭔가를 더 해주어야 한다고 스스로 고민하는 계기가 될 수도 있다.

만약 3~4년 전 가격을 고수하고 있다면 좋은 일일까? 어떤 사장님은 "우리 가게는 벌써 3년째 가격을 안 올리고 있어요"라고 당당하게 말하기도 하지만 이건 결코 좋지 않다고 본다.

가격을 올리지 않았다는 건 내가 파는 상품에 발전이 없었다는 뜻이다. 그 어떤 재료의 변화도, 레시피의 개선도 없이 3년 전에 했던 방식을 그대로 고수한다는 뜻이니 말이다. 요즘처럼 변화가 빠른 시대에 이런 방식은 맞지 않는다. 물론 오랜 단골로 이뤄진 노포라면 그럴 수도 있겠지만, 이제 막 장사를 시작했거나 오픈한 지 1년도 채 안 된 가게라면 더더욱 말이다.

가격 인상은 서비스 개선에 더 많은 도움이 된다. 그래서 나는 수강생들에게도 항상 이 부분을 강조한다.

꾸준히 가격을 올려야 한다. 그렇게 하고도 고객 수를 떨어뜨리지 않고 계속 장사하면서 내 몸값을 올려 나가는 것이 실력이다. 프로라면 그렇게 일해야 한다.

혹시 가격을 올려서 실패하는 건 아닐까? 손님이 다 떨어져 나가는 건 아닐까? 걱정할 필요가 없다. 적어도 내 경험상, 그리고 내 도움을 받아서 장사를 하는 사장님들의 경우 가격을 인상해서 실패한 적이 단 한 번도 없으니 말이다. 물론 가격을 올린 시점부터 긴장될 것이다. 하지만 아무런 준비 없이 가격만 올린 게 아니라면 걱정할 필요가 없다.

우리는 결코 대한민국의 모든 고객을 상대로 장사할 수 없다. 1인 자영업자가 커버할 수 있는 고객 수는 얼마나 될까? 1천 명도 버거울 것이다. 내가 판단하기로는 단골을 100명 정도 확보하면 잘나가는 매장이 될 수 있다.

중요한 것은 단골을 확보하고 점차 부가가치가 높은 상품을 개발하고 또 이 상품으로 고객을 설득하는 것이 아닐까. 어렵게 구축한 단골을 대상으로 가격을 올리라면 주저하는 자영업자들이 많은데, 가격을 올린다는 건 자신이 끊임없이 성장하고 있다는 증거다.

원가 계산을 할 때 내가 가장 많이 추천하는 방법이 있다. 우선 시장조사를 해서 경쟁점포를 정했으면 그 점포에서 파는 제품을 구입한 뒤 재료를 낱낱이 해부해보라는 것이다. 예를 들어 샌드위치를 판매한다고 하면 샌드위치의 속재료로 무엇이 들어 있고 소스는 어떤 제품을 썼는지까지 하나하나 분석해볼 필요가 있다.

나는 경쟁점포의 속재료뿐 아니라 이 재료의 무게까지 달아본 적이 있다. 이렇게 해야 하는 이유는 재료가 얼마나 들어 있는지 확인하기 위해서다. 이로써 내가 어떤 재료를 더 넣어서 차별화를 할 수 있고 가격을 얼마만큼 더 받을 수 있는지를 판단할 수 있었다. 그렇게 책정한 샌드위치 가격이 6,900원이었다.

경쟁점포에서
너무 싸게 판다면

"대표님, 저도 조언대로 하고 싶은데 경쟁점포에서
할인을 너무 많이 해서 손님을 다 뺏기는데요."

대부분 사장님이 이런 고민을 한다. 우리 가게에서 샌드위치를 8천 원에 파는데, 경쟁점포인 프랜차이즈 매장에서 샌드위치를 4천 원에 판다면 가격 차이가 2배 가까이 나기 때문에 경쟁력이 떨어지는 건 맞다. 이렇게 되면 고객이 가격에 대한 심리적 장벽이 너무 높아지므로 이런 경우는 당연히 가격을 조절해야 한다.

만약 경쟁점포가 공장에서 가져오는 샌드위치이고, 나는 수제 샌드위치라면 일단 상품의 퀄리티 측면에서는 우리 가게가 훨씬 더 경쟁력이 있다. 공장에서 만든 샌드위치보다 수제 샌드위치가 가격이 비싸다는 건 소비자가 대부분 인정하는 사실이다. 여기까지는 좋다.

그런데 바로 이 지점에서 사장님들이 '프랜차이즈가 4천 원이니 우리는 1천 원만 더 비싸게 팔자'는 식으로 굽히고 들어간다. 그리고 이 지점이 사장님들의 노예 노동이 시작되는 분기점이기도 하다. 앞에서도 강조했지만 가격을 이렇게 감으로 대충 정하면 절대 안 된다.

현재 가장 많은 고객을 확보한 프랜차이즈가 경쟁점포라면, 이 점포에서 판매하는 가격이 1차 기준점이 된다. 이것이 고객이 샌드위치라는 아이템을 구입할 때 지불할 수 있는 가격의 심리적 기준인 셈이다. 하지만 원가를 분석해서 프랜차이즈보다 우리 매장이 재료와 구성이 훨씬 더 좋다면, 원가의 3배 정도로 팔아도 좋다고 본다.

편의점 샌드위치와 수제 샌드위치. 구성만 보아도 차이가 확 느껴진다.

예를 들어 우리 가게의 샌드위치 원가가 2천 원이라면 최소한 6천 원을 받아도 공장에서 출고하는 프랜차이즈 점포의 4천 원짜리 샌드위치보다 가격 경쟁력이 있다는 뜻이다. 이 정도 계산은 사장님만 할 수 있는 게 아니다. 고객도 직감적으로 이 정도는 계산한다. '수제 샌드위치가 2천 원이 더 비싸면 충분히 사 먹을 가치가 있다'고 생각하는 것이다.

◆ 가격을 올리면 언제부터 반응이 올까?

앞서 언급한 타이밍과 명분이 분명하다면 가격이 올라도 매출이 발생한다. 그럼 가격 인상 후 언제부터 매출이 오를까? 가격을 올리자마자 매출이 늘지 않아서 고민을 상담하는 경우도 있다. 비록 고객에게 납득할 만한 이유를 제시하며 가격을 올렸다고 해도 고객이 이에 적응하기까지는 시간이 걸린다.

경험상 최소 2~3개월 정도 지나고 나면 고객이 가격에 적응하고 다시 매장을 방문했다. 적응기 동안 매출이 일시적으로 떨어지는 것은 어쩔 수 없다. 만약 이 시기를 버티지 못하고 '가격을 올렸더니 역시 매출이 떨어졌네'라고 생각하고 다시 가격을 내리면 안 된다. 2~3개월을 버티고 더 높은 객단가를 받는 것이 장기적으로 더 나은 결과를 만들어낸다.

그럼 2~3개월 동안 사장은 무엇을 해야 할까? 고객이 줄었다고 해서 가만히 매장만 지키고 있으면 안 된다. 이 기간에 고객들에게 '우리 매장이 이렇게 차별화했다'고 열심히 홍보해야 한다. 가격이 오른 걸 알게 된 손님들에게 우리 매장의 장점을 어필해서 가격 인상에 대한 심리적 장벽을 낮춰줘야 한다.

이 시기에는 인스타그램 등 SNS 활동으로 고객과 커뮤니케이션을 하는 데 주력해야 한다. 내 경우 창업 교육 비용을 올리고 SNS를 이용해 고객에게 컨설팅의 가치를 열심히 설득하곤 했다. 처음에는 550만 원의 교육 비용이 비싸다고 생각할 수 있다. 하지만 프랜차이즈 가맹비 등을 생각하면 그보다 위험도가 낮고 경쟁력을 갖춘 교육 비용은 결코 비싼 게 아니다.

수강생 한 분 한 분께 설명할 수 없으니 라이브방송에서 우리 수업의 가치를 설명하고 시간을 벌라고 호소한다.

메이랩의 킥! 어리석은 사람은 시간으로 돈을 벌고 현명한 사람은 돈으로 시간을 산다.

실제로 재료비와 레시피 실습까지 감안하면 나 스스로는 오히려 550만 원이 저렴하다고 생각했다. 사장이 자신의 상품이나 서비스의 가격에 적정 가치를 느껴야만 고객을 설득할 수 있다.

"아무리 생각해도 이건 너무 비싸."

메이랩 창업수업 홈페이지 초기화면과 창업패키지 소개 화면

파는 사람이 이렇게 생각하는데 사는 사람은 오죽할까. 해당 가격에 정당한 가치가 담겨 있더라도 파는 사람의 마인드가 소극적이면 매출이 일어나지 않는 것은 당연하다. 그래서 나는 장사를 하는 사람은 '멘탈'이 중요하다는 점을 기회 있을 때마다 강조한다.

2장

어떤 고객층을
대상으로 팔 것인가

아무 하는 일 없이 시간을 허비하지 않겠다고 맹세하라.
우리가 항상 뭔가를 한다면 놀라울 만큼 많은 일을 해낼 수 있다.

— 머스 제퍼슨

상품의 본질을
팔아라

"시장에도 시세라는 게 있는데

무턱대고 가격을 높여서 팔아도 될까요?"

강의에서 가격을 높여서 판매하라고 하면 이런 질문이 꼭 들어
온다. 물론 처음 가게를 오픈하는 사장님이 터무니없이 높은 가격
에 상품을 팔 수는 없다. 상품 가격을 높여서 팔라고 하는 건 시
세를 무시하고 내 기준에서 가격을 책정하라는 뜻이 아니다.

나와 똑같은 상품을 길 건너 가게에서는 1만 원에 판매하는데
나는 5만 원에 판다면 당연히 판매되지 않는다. 그렇다면 상품의
적정 가격은 어떻게 책정해야 할까? 이 질문에 답하기 전에 생각
해봐야 할 점이 있다. 상품의 가격은 바로 사장의 가치관에서 나

온다는 사실이다. 이를 더 쉽게 표현하면 이렇다.

 메이랩의 킥! 사장이 생각하는 상품 가치가 곧 가격이다.

◆ 내가 파는 상품의 본질은 무엇인가

우리가 만드는 상품은 대한민국 사람 모두를 대상으로 파는 것이 아니다. 내가 팔려고 하는 상품을 소비해줄 특정 고객층을 정하는 것이다. 예를 들어 샌드위치를 판매한다고 하면 직장인, 학부모, 학생 등 불특정 고객을 대상으로 만들어 파는 게 아니라 육아에 지친 엄마 등 특정 대상을 타깃으로 정하는 것이 중요하다. 어떤 음식의 가치는 음식의 재료나 맛에 달려 있는 게 아니다.

음식의 본질이 무엇이냐고 물어보면 좋은 재료와 합리적인 가격을 꼽는 사장님들도 있다. 하지만 이는 우리 가게만의 철학이 아니다. 신선한 재료와 합리적인 가격은 다른 업장에서도 충분히 갖출 수 있는 경쟁력이다.

내 질문은 "우리 음식으로 고객에게 어떤 가치를 제공할 수 있느냐?"라는 것이다. 육아에 지친 엄마들을 고객으로 한다면 '엄마들의 힐링 타임'을 가치로 만들 수 있다. 육아맘들이 샌드위치를 먹으러 오면서 동시에 "이 가게에 가면 위로를 받을 수 있다"라는

인테리어가 잘되었다고 평가받은 메이랩 양평점

느낌이 들게 하려면 어떻게 해야 할까?

고객이 가게에 머물다 가는 1시간을 어떤 매장에서는 단순히 샌드위치와 커피를 제공하는 것으로 그치는 반면, 어떤 매장에서는 고객이 마음까지 위로받고 간다면 어느 쪽에 고객이 더 많을까?

기억하자. 질 좋은 재료를 더 싸게 파는 식으로는 프랜차이즈와 경쟁해서 이길 수 없다. 1인 사업장의 경쟁력은 자본이 아니라 사장의 '가치관'이다. 대기업이 따라 할 수 없는 감성 터치를 인테리어와 메뉴판, 사장의 접객 스타일 등으로 구현하는 것이야말로 경쟁력이다.

우리 가게에 오는 고객층의 마음을 헤아리고 그 감정을 어루만져줄 수 있다면 고객을 팬으로 만드는 것이 남의 얘기가 아니다. 누구나 우리 동네의 인플루언서가 될 수 있는 것이다.

가격을 확정하기 전에
해야 할 일

가게를 오픈하기로 마음먹었으면 가장 먼저 하는 일은 시장조사다. 나와 경쟁하는 주변 점포의 주력 상품은 무엇인지, 그 상품을 얼마에 판매하는지 조사해보는 것이다.

내가 도시락을 판매하려고 하는데 경쟁점포에서 1만 원에 판다고 하면, 나는 상품에 가치를 추가해서 15,000원에 판매하라고 조언한다. 하지만 처음 가게를 오픈하는 입장에서는 이렇게 조언하면 아무래도 마뜩찮은지 다음과 같은 질문을 한다.

"그런데 그건 대표님만 가능한 거 아닐까요?"

절대 그렇지 않다. 누구나 할 수 있는 전략이다. 만약 나라는 사람이 좀 알려졌거나 특별한 노하우가 있어서 가격이 높은 상품을 판다면 그렇게 생각할 수 있지만 나는 처음 도시락을 판매할 때 전혀 알려지지 않았고 특별한 기술도 없는 상태였다. 단언컨대 상품을 고가에 파는 건 유명한 사람만 할 수 있다는 건 잘못된 생각이다. 처음 오픈했으니 경쟁점포보다 싸게 팔아야 한다는 것은 출발선부터 잘못된 것이라고 할 수 있다.

◆ 장사를 지치지 않고 오래 하려면

처음 창업했을 때를 떠올려보자. 가게를 오픈하고 첫 매출을 만들어준 고객을 기억하는가? 아마도 기억할 것이다. 나는 샌드위치 가게를 열었을 때 내가 정성껏 만든 샌드위치를 사간 첫 고객을 기억한다. 남성 고객이었는데 샌드위치가 맛있어 보인다면서 1만 원을 선뜻 내밀었을 때 그 감동이란 말로 표현할 수 없다.

> "앞으로 고객이 더 많이 찾아오도록 정성을 다해 만들어야지.
> 내 영혼을 쏟아부어서 샌드위치를 만들 거야."

누구나 첫 다짐은 그렇게 한다. 하지만 시간이 지나면서 첫날의 정성과 따뜻함을 상품을 만들 때마다 쏟아붓는 것이 불가능한 일이라는 걸 깨닫기 시작한다. 시간이 흐르면서 음식을 만드는 건 내 일상이자 일이 되어버리고, 이미 처음 마음가짐과는 다른 상태로 음식을 만들고 있는 나를 발견하게 된다. 그러면서 가격을 서서히 내리고 재료의 질이 떨어지면서 매출이 나오지 않아 속상해하는 나날이 반복된다.

똑같은 상품이라고 하더라도 어떻게 꾸며서 고객에게 내보이느냐에 따라 가격이 달라진다. 2천 원에 판매하려면 식감과 신선도를 강조하고 2만 원에 판매하려면 가공해서 상품으로 만들고 20만 원에 판매하려면 희소성과 스토리를 강조하고 200만 원에 팔려면 예술품으로 소장 가치가 있도록 해야 한다.

오이를 예로 들어보자. 신선하고 맛있는 오이는 어디서든 구할 수 있다. 오이 한 개에 2천 원을 받을 수 있다고 하면 신선한 오이를 공급할 수 있는 가게는 많을 것이다.

하지만 오이 한 개를 2만 원에 팔려면 어떻게 해야 할까? 이 오이로 상품을 만들어야 한다. 오이를 갈아넣은 다이어트 음료를 만든다든가 오이 진액을 넣은 건강식품을 만들면 오이 한 개를 2만 원에 파는 것도 충분히 가능하다. 오이라는 원료에 '건강식품'이라

불낙사과와 합격사과. 이 사과를 먹으면 시험에 합격할 것만 같다.

는 가치를 부여했기 때문이다.

여기서 한 발 더 나가보자. 오이 한 개를 20만 원에 팔려면 어떻게 해야 할까? 원가의 100배를 받으려면 또 다른 가치가 필요하다. 예를 들어 '암을 낫게 하는 기적의 오이'라고 하면 1개에 20만 원을 받는 것도 무리가 되지 않는다.

일본에서 번개를 맞아서 떨어진 사과를 '불낙사과'라고 해서 고가에 마케팅한 사례가 바로 이런 식으로 부가가치를 더했기 때문에 가능했던 것이다.

 저렴하게 판매하려면 식감을 강조하고 고가에 판매하려면 스토리를 입혀 가치를 더하라.

사장이 열정을 쏟아서 만든 음식과 그렇지 않은 음식은 고객의 반응부터 다르다. 장기적 관점으로 가게의 매출이 높아지는 음식은 사장의 열정이 담긴 음식이라는 건 누구나 아는 사실이다.

중요한 건 이 열정을 어떻게 하면 계속 유지할 것인가 하는 문제다. 나는 그 방법이 사장이 자신에게 노력의 대가를 정당하게 보상하는 것이라고 본다. 그리고 이것이 가능하려면 가격을 높여서 받을 수밖에 없다.

가격 결정의
시크릿 포인트

"대표님, 저 진짜 힘들고 기운 빠져요.
장사하는 게 아니라 봉사하는 것 같아요."

어느 날 수강생 A가 전화를 걸어 장사를 못 하겠다며 하소연했다. A는 국산 생강으로 만든 차 한 잔을 6,500원에 판매했다. 문제는 좋은 재료로 만들었는데도 제값을 받지 못한다는 것이다. 시골장에 가서 직접 사온 생강을 갈아서 3일간 전분을 가라앉힌 뒤에 생강원액으로만 청을 담가 차로 내놓는 것인데 A의 노력 대비 매출을 따져보면 수지타산이 도무지 맞지 않았다.

그렇다고 무턱대고 가격을 올리자니 손님이 떨어질까 봐 엄두가 나지 않는다고 했다. 고민하는 A에게 나는 이렇게 조언해주었다.

"가격을 내 기준에 맞춰서 정하면 안 돼요.
소비자는 내 기준을 따라올 수 없거든요.
아무리 좋은 상품이라고 해도 소비자가 그 상품에 합당한 대가를
지불할 준비가 되어 있지 않으면 가격을 높게 받을 수 없어요."

◆ 타깃을 쪼개고 또 쪼개라

나는 A에게 고객층을 나누라고 했다. 똑같은 생강차이지만 '생강 파우더'로 만든 중저가 생강차를 원하는 고객이 있을 테고, 수제 생강차를 고집하는 사람이 있을 것이다. 생강 파우더로 만족하는 고객에게 수제 생강차를 고가에 팔면 고객은 "여기는 왜 이렇게 비싸요?"라고 묻는 게 당연하다.

하지만 처음부터 프리미엄 고객을 염두에 두고 팔기로 하면 '질 좋은 국산 재료를 엄선해서 만든다'는 확실한 명분을 내걸어 높은 가격을 지불할 고객을 걸러낼 수 있다.

◆ 저가·중가·고가 시장

모든 시장에는 가격대가 저가, 중가, 고가로 나뉘어 형성되어 있다. 품목에 따라서 저가가 잘 판매되는 경우가 있고 고가가 판매

량이 높은 경우가 있다. 명품은 가격이 비쌀수록 더 잘 팔린다. 이는 명품의 경우 소비자들이 제품의 퀄리티 이상으로 브랜드 가치를 인정하기 때문이다.

이처럼 소비자가 가치가 있다고 느끼는 상품은 제품의 퀄리티를 넘어서는 다양한 가치를 품고 있다는 공통점이 있다. 이에 대해서는 뒤에서 다시 다룬다.

장사를 할 때 어떤 고객을 대상으로 할 것이냐에 따라 상품 가격이 달라진다. 저가 품목을 소비하는 고객층에게는 당연히 상품 가격을 높게 책정할 수 없다. 이것이 사장이 어떤 시장에 들어가서 장사할지를 정하는 것이 중요한 이유다.

"나는 도저히 그 가격엔 못 팔겠어요."

사장님들 중에는 이렇듯 저가 시장에 진입하길 꺼리는 이들이 있다. 대체로 좋은 재료로 직접 음식을 만들어 파는 사장님들이 그러하다. 나 또한 저가, 중가, 고가 시장 중에서 저가 시장은 되도록 진입하지 말라고 조언한다. 그럴 수밖에 없는 것이 저가 시장은 1인 사장의 경쟁력인 재료의 질과 정성, 접객 서비스 등으로 부가가치를 내기 어렵기 때문이다.

아메리카노 한 잔에 900원에 판매하는 커피전문점과 경쟁하려면 내가 그보다 저가에 팔거나 단골을 더 많이 유치해야 한다. 그런데 프랜차이즈 커피전문점은 특정 고객층을 대상으로 영업하지 않는다. 이곳은 어르신이나 학생, 직장인 등 직업과 소득수준에 상관없이 커피를 좋아하는 사람들이 대부분 구매하는데, 이는 저가 시장이기에 가능한 부분이다.

하지만 1인 가게를 운영해야 하는 우리는 상황이 다르다. 우리는 불특정 다수를 대상으로 영업을 해서는 장점을 살릴 수 없다. 대한민국 사람 모두를 고객으로 삼겠다는 건 욕심이다. 그리고 1인 가게 사장이 장사하면서 가장 경계해야 할 부분이 바로 욕심이다.

간혹 처음 창업한 사장님들을 보면 한 업장에서 저가, 중가, 고가 상품을 모두 판매하는 경우가 있는데, 이 또한 욕심이다. 한 가지 시장에서 잘하기도 어려운데 장사를 처음 하는 사람이 저가와 고가 상품을 모두 팔겠다는 건 무리일 수밖에 없다.

그래서 나는 가격을 정하기 전에 순서를 먼저 정해야 한다고 강조한다.

1. 아이템을 정하고 타깃을 정한다

앞서 언급했듯이 생강차를 판매할 거라면 중가와 고가 중 어떤 시장에 들어가서 팔지에 따라 가격 전략은 달라질 수밖에 없다.

2. 판매 형태를 정한다

테이크아웃 매장으로 할지, 매장에서 판매할지에 따라 가격 전략은 달라진다. 예를 들어 테이크아웃 전문 매장으로 할 거라면 평수가 작은 점포를 임대해서 운영할 수 있으므로 수제 생강차를 조금 더 저렴하게 판매할 수도 있다. 점포에서 판매한다면 조금 더 높은 가격을 받는 대신 생강차를 1회 리필해주는 전략을 사용할 수도 있다.

3. 가격을 고가로 책정하는 방법

내가 파는 상품을 고가로 정하려면 몇 가지 조건이 필요하다. 가장 좋은 방법은 희소성을 활용한 전략이다. "시골 장에 가서 직접 사온 생강으로 만든 프리미엄 수제 생강차를 하루 20잔만 한정 판매합니다." 이렇게 맞추면 가격을 높게 책정할 수 있는 명분이 생긴다. 생강차를 마시고 싶은 고객으로서도 하루에 20잔만 판매한다니 서둘러야겠다는 생각에 높은 가격에 대한 심리적 장벽을 낮추게 된다.

◆ 작은 점포에서는 고가로 판매하면 안 된다?

"우리 가게는 점포가 작은데 고가로 팔면 안 되나요?"

이렇게 묻는 사장님들이 있다. 그런데 나는 점포 크기와 가격은 관계가 없다고 생각한다. 일본에 가보면 작은 가게에서 고가의 디저트를 파는 경우가 많다.

수제 생강차를 구매해서 마실 정도라면 어느 정도 소비력을 갖

춘 시장이다. 수제 생강차 가격이 2천~3천 원 비싸다고 해서 제품
이 안 팔릴 것이라고 지레 겁먹을 필요가 없다는 것이다.

고가의 상품을 조금 더 분류해보면 다음과 같다.

- 오늘 기분이 좋아서 모처럼 마음먹고 구매하는 상품—명품백, 향수,
  가전제품 등
- 가격이 조금 비싸더라도 매일 소비하는 품목—달걀, 스페셜티, 샌드
  위치 등

◆ 서비스 상품의 경우

매장이 있고 일반적인 품목을 다루는 경우에는 시세를 기준으
로 가격을 책정하게 된다. 예를 들어 샌드위치나 수제쿠키 매장은
경쟁점포에서 기준점으로 삼은 가격을 훌쩍 뛰어넘어 2배, 3배 이
상 가격을 책정하기는 어렵다.

하지만 서비스 품목은 어떨까? 예를 들어 지식서비스에 해당하
는 강의나 코칭, 컨설팅은 시장 가격이 존재하지 않는다. 내가 독보
적인 경험과 지식이 있어서 그 강의를 오직 나만 할 수 있다면 상
품 가격은 훨씬 비싸게 받을 수 있다.

나는 실습 위주의 창업수업을 하는데 교육 비용이 고가다. 그럼
에도 대기자가 늘 줄을 설 정도로 인기가 많다. 내내 강조했듯이

같이 성장하고 서로 돕는 가치로 만들어낸 6천 명분 도시락

고객은 자기가 낸 비용 이상의 가치를 얻을 수 있다고 생각하면 언제나 줄을 선다.

메이랩은 5년 전 처음 교육을 시작하면서 요리+경영을 함께 배우는 가치를 제공했다. 음식만 잘 만든다고 장사를 잘할 수 없다는 건 경험으로 알게 되었기에 잘 만든 음식을 더 잘 팔 수 있는 기술까지 같이 알려드렸다.

5년이 지난 지금, 타 교육기관에서 너도나도 경영의 중요성을 언급하면서 경영수업에 열을 올리고 있다. 그래서 메이랩은 항상 함께하는 가치를 제공해주고 있다.

7주라는 짧은 교육에서 창업의 모든 변수를 다루기에는 한계가 있다. 창업을 하다 보니 단계별로 고민이 다르다. 고민이 있을 때마다 가장 가까이에서 함께 고민하고 조언하는 멘토의 가치와 지금까지 함께한 모든 수강생이 같이 성장하고 서로 돕는 가치를 제공하고 있다. 6천 명분 수제도시락을 수강생 48명과 함께 만들어낼 수 있었던 이유는 바로 이런 가치에서 온다.

나만이 제공할 수 있는 서비스 상품, 지식상품을 만들어낼 수 있고 시장에 수요가 있다면 축하드린다. 당신은 치열한 경쟁에서 한 발 앞서 나가 자신만의 부가가치를 가격에 반영할 수 있는 위치에 올랐다.

고객은 당신이 제공하는 서비스가 독보적이라는 사실을 알고 서슴없이 비용을 들여 당신의 서비스를 구매할 것이다. 그래서 나는 가게를 하는 사장님들에게도 항상 '제품을 파는 것에서 지식서비스를 파는 것으로 진화하라'고 강조한다. 쿠키 매장으로 성공했다면 쿠키 매장 창업강의로 얼마든지 상품을 만들어낼 수 있고, 그편이 오히려 부가가치도 높다.

- 더 높은 가격을 받는 과정
  중가 상품 → 고가 상품 → 고가의 서비스

그런데 고객들은 왜 무형의 서비스에 고가의 비용을 지불할까? 우선 사람들은 저마다 성향이 다르다. 창업 수업에 관한 이론 수업은 많지만 내 상황에 특화된 솔루션은 코칭을 통해서만 받을 수 있다. 예를 들어 사업계획서를 작성하거나 아이템과 콘셉트 그리

내 강의의 특징은 이론 강의에 실습을 함께 한다는 것이다.

고 타깃을 정하는 건 시중에 있는 온라인 강의에서도 충분히 배울 수 있다.

하지만 '현재 자본금이 1억밖에 없는데 이 아이템으로 나만이 할 수 있는 메뉴는 어떻게 정할까?' 이런 식으로 내 상황에 특화된 솔루션이 필요할 때는 창업 코칭이 필요하다. 그리고 나는 소수 정예로 창업 수업을 함으로써 수강생들에게 맞춤화된 코칭을 해서 성공시켰다. 고가의 컨설팅 비용에도 매번 수강 대기자가 생기는 것도 그 때문이다.

기억하자. 자신이 장사로 성공했다면 궁극에는 반드시 이를 지식서비스화해야 한다. 꼭 창업 분야에만 국한될 필요도 없다. 레시피 개발을 잘한다면 레시피 코칭을, 접객을 잘한다면 서비스 노하우를 코칭하면 된다. 장사를 하고 경험을 쌓는다는 건 학교에서도 배울 수 없는 특별한 경험이다. 장사를 해서 안정시킨 경험이 있다면 누구나 지식서비스 상품을 판매할 수 있고 또 그래야 한다.

◆ 가격 차별화와 미끼 효과

상품 가격과 고객의 선택 사이에는 미끼 효과라는 것이 있다. 이를 활용하여 중간 가격대 메뉴와 고가의 미끼 상품을 구성할 수 있다.

이용권을 제공하는 경우 고객이 1년 이용권을 부담스러워하면 6

개월 이용권을 제공하는 것이 현명하다. 이때 6개월 이용권은 1년 이용권과 비슷한 혜택과 합리적 가격을 제시해야 한다. 이로써 1년 이용권이 부담스러운 고객들도 6개월 이용권을 선택할 수 있다.

상품 가격을 차별화해 매출을 극대화할 수 있다. 스테이크 메뉴를 예로 들면, A고객은 1만 원대 스테이크를 찾고, B고객은 3만 원 미만의 스테이크를 구매하고 싶어 한다고 하자. 이때 2만 원짜리 스테이크만 판매한다면 A고객과 B고객 모두 놓치게 될 가능성이 있는데 스테이크 가격을 18,000원과 25,000원으로 책정할 경우 두 고객 모두 만족시킬 수 있고, 아울러 가게 총매출도 높일 수 있다.

또한 샌드위치와 음료의 가격 설정에 미끼 효과를 활용할 수 있다. 샌드위치와 음료를 각각 5천 원과 3천 원으로 설정하고 세트메뉴로 구매할 경우 6천 원으로 할인해주는 것이 효과적이다. 이로써 고객이 세트메뉴를 선택하도록 유도할 수 있다.

고가로 책정했는데
장사가 안 되는 이유

"대표님 말씀처럼 가격을 고가로 책정했는데
생각보다 장사가 안 돼요. 이유가 뭘까요?"

어느 날 R사장님이 가격을 올렸는데 장사가 잘 안 된다며 나에게 고민을 털어놓았다. R사장님은 해남 땅끝마을에서 샌드위치 매장을 운영하고 있다. 나는 그의 이야기를 천천히 들으면서 문제점을 파악했다.

"사장님은 대한민국 최남단 해남 땅끝마을에 있어요. 그런데 가격은 강남 청담동 샌드위치와 같다면 제품이 안 팔리는 건 당연한 거겠죠?"

여러 번 강조한 것처럼 가격을 정할 때는 원가 분석을 잘해야 한다. 땅끝마을의 경우, 인건비와 임대료 등 비용 측면에서 강남 청담동과 비교했을 때 최소한 4배 이상 저렴하다. 그런데 샌드위치 1개 가격이 청담동과 비슷하다면 어떻게 될까? 고객은 구매하지 않는다.

◆ 지역의 소득수준을 고려하라

이는 상식적으로 생각해보면 답이 나온다. 어느 지역이든 그 지역에 거주하는 이들의 평균 소득수준과 생활비를 생각해보면 된다. 해남에 사는 30대 주부가 샌드위치를 8천 원을 주고 사먹을 수 있을까? 해남 거주 30대 부부의 평균 소득이 청담동보다 적다면 그만큼 샌드위치 가격을 낮추는 게 맞다. 이 경우는 무턱대고 고가의 샌드위치를 파는 게 맞지 않는 것이다.

그래도 사장으로서는 손해를 보지 않는데, 원재료나 인건비가 그만큼 낮아서 마진율에 차이가 없기 때문이다. 나는 R사장님에게 이렇게 조언해주었다.

"해남은 월 임대료가 20만 원이고 청담동은 250만 원이에요. 10배가 넘는 임대료를 내고 장사하는 사람은 절대 똑같은 가격으로 팔 수가 없죠. 사장님은 해남의 특색을 살린 맛과 모양으로 더 저렴하게 파세요."

	한 달 임대료	샌드위치 가격	고객
땅끝마을	20만 원	8,000원	헉!
청담동	250만 원	8,000원	좋아!

핵심은 지갑을 열고 샌드위치를 구매한 고객이 이득을 봤다고 생각하게 만드는 것이다. 땅끝마을에서만 맛볼 수 있는 수제 샌드위치를 5천 원에 판다면, 프랜차이즈 매장보다 1천 원만 비싸도 경쟁력이 충분히 있다. 이 경우 샌드위치를 무조건 8천 원에 팔기 위해 고집을 피울 필요가 없다. 기억하자. 자신이 창업하려는 지역의 소득과 소비수준을 토대로 원가를 계산해보고 마진율을 책정하자. 그리고 그에 맞게 메뉴와 가격을 정하면 된다.

예를 들어 베이커리류의 경우 천연 발효빵은 단가가 3,500원 정도 한다. 하지만 공장에서 출하된 빵은 원가가 300원 정도로 무려 10배 차이가 난다. 그렇다면 내가 어느 지역에서 파느냐에 따라서 선택하는 빵도 달라진다. 앞서 예를 든 R사장님의 경우 공장에서 출하된 빵을 사용하면서 그 위에 얹는 토핑을 해남 지역 특산물로 해서 가격 경쟁력을 갖추는 것이 유리하다.

◆ 흔들림 없는 가격을 만드는 브랜딩

지역에 따라 메뉴 가격이 달라져야 한다고 했지만 그보다 좋은 전략은 어디에서 팔더라도 똑같은 가격을 받는 것이다. 마치 프랜차이즈 매장처럼 말이다. 만약 R사장님의 메뉴가 대한민국 모든 사람이 아는 브랜드 메뉴라면 해남에서 팔든, 강남에서 팔든 샌드위치 가격을 똑같이 받을 수 있었을 것이다.

그렇다면 우리의 최종 목적은 고가의 메뉴를 대한민국 어디서 팔더라도 고가에 판매하는 프랜차이즈화된 매장을 만드는 것일 테다. 그리고 짐작했겠지만 이렇게 할 수 있는 힘은 '브랜드'에서 나온다.

◆ 브랜드가 곧 경쟁력이다

브랜드가 있는 사장님과 그렇지 않은 사장님은 경쟁력에서 꽤 큰 차이가 난다. 자신만의 커피 브랜드를 가지고 있는 사장님은 원두 유통 시장에 뛰어들 수 있지만, 다른 사람의 원두를 받아서 매장에서만 파는 사장님은 유통 사업에 진입장벽이 생긴다. 그래서 오늘날 수많은 외식 브랜드가 생겨나는 것이다.

자신만의 색깔을 입힌 브랜드 상품은 대한민국 어디에서도 똑같은 가격에 팔 수 있다. 그래서 가격을 지속적으로 높여나가는 1인 가게 사장님은 궁극적으로 브랜딩에 관심을 가져야 한다.

"우리처럼 작은 매장도 브랜드가 될 수 있나요?"

물론이다. 오히려 작은 매장일수록 브랜딩에 유리하다. 일본의 경우 독창적인 아이디어와 효율적인 운영 전략으로 브랜드화된 1인 가게가 많다. 교토의 작은 유럽식당이라 불리는 쿠라마에 와인바는 마루이 유스케라는 사장님이 혼자 운영한다. 좌석은 10석밖에 안 되지만 '내추럴 와인'을 한정판으로 판매해 마니아층이 많다. 이처럼 작지만 강한 브랜드를 가진 업장을 만드는 건 '장사'에서 사업화를 도모하는 모든 사장님이 꼭 거쳐야 할 관문이라고 할 수 있다.

판매가 잘되는
가격의 황금 비율

잘나가는 대기업을 다니다가 돌연 사표를 내고 샌드위치 가게를 열었을 때 나름대로 장사에 자신이 있었다. 자영업자가 창업하면 열에 여덟은 망한다는 통계는 남의 얘기라고 생각했다. 퇴직 전 오랜 시간을 공부했고 만반의 준비를 했다고 생각했기에 나는 망하지 않을 거라고 생각했다.

하지만 이론과 현실은 달랐다. 아침 6시에 가게를 열어 밤 10시까지 일해도 일한 만큼 수입이 늘지는 않았다. 회사에 다닐 때는 근무시간에 비례해 성과급을 받으니 내 월급이 올랐지만 장사는 오래 일한다고 누가 보상해주는 게 아니라는 걸 깨닫는 데 시간이 걸렸다.

그런 상황에서 전기료며 임대료 등 고정지출이 끊임없이 나가니 이대로 가다간 딱 보기 좋게 망할 거라는 두려움이 들었다. 이른바 '오픈발'도 잠시, 매출이 점차 하향 곡선을 그려가는 걸 볼 때의 심정이란 장사를 처음 해본 이들이라면 누구나 공감할 것이다.

그런데 그때 나는 두려움을 용기로 바꾸기로 했다. 장사가 안 된다면 분명 거기에는 합리적인 이유가 있을 거라고 생각하고 원인을 찾기 위해 파고들기 시작했다. 그 과정에서 초점을 맞춘 것은 판매하는 상품의 가격과 원가 구조였다.

◆ 원가 대비 적정 판매가

창업 당시 나는 샌드위치 판매가에서 원가 비중을 30% 정도로 맞추자고 생각했다. 하지만 재료비가 시세에 따라 들쭉날쭉하다 보니 실제 원가 비중이 이를 넘기기 일쑤였다. 때로는 원가가 판매가의 절반에 육박할 때도 있었다. 자영업자들이 가격 책정에서 실수하는 부분이 바로 이 지점이다.

원가에서 재료비가 차지하는 비중은 계절의 영향, 비수기와 성수기의 변수, 대량 구매 여부 등에 따라서 차이가 많이 난다. 이 점을 고려하지 않고 가격을 일률적으로 정해버리면 생각지도 않게 재료비의 비중이 커진다.

"아, 그래서 큰 가게들이 가격을 유지할 수 있는 거구나."

사입 규모가 큰 대형 카페 등은 원가 협상 능력에서 상대적으로 우위를 차지한다. 재료를 공급하는 도매상 입장에서 생각해도 10 개를 구매하는 사업장과 1천 개를 구매하는 사업장 중에서 어느 쪽에 더 낮은 단가로 공급할지는 불을 보듯 뻔하지 않은가.

장사를 오래 하면 할수록 원가를 줄이려는 노력이 가장 큰 고민이다. 샌드위치도 10명 분을 만들든 30명 분을 만들든 여기에 투입되는 인력이나 시간은 큰 차이가 없다. 결국 장을 보고 재료를 다듬어 음식을 만드는 전체 시간은 큰 차이가 없는 것이다.

그러면 재료비를 낮추는 데 한계가 있는 1인 사장은 어떻게 해야 할까. 여기서부터 사장님의 고민이 시작되어야 한다.

- 도매상과 협상해서 더 낮은 단가에 공급받는다.
- 재료를 미리 대량으로 저렴하게 구입해둔다.
- 공동구매로 재료비 단가를 낮춘다.

이렇게 여러 가지 방법을 생각해볼 수 있는데, 내 경험으로는 1인 사장이 현실적으로 사입 단가를 낮추기는 불가능한 일이다. 그보다는 메뉴 구성을 새롭게 바꾸거나 가게 운영 방식에 변화를 주어 매출 대비 수익률을 높이는 것이 더 낫다.

나는 샌드위치 가게를 운영하기 시작하면서 손이 많이 가고 생산성이 떨어지는 메뉴를 하나씩 없앴다. 이 과정에서 소비자가 원하는 메뉴를 정확히 추려내 대표 메뉴로 삼아야 한다.

◆ 모니터링의 중요성

이 과정에서 중요한 건 모니터링이다. 우리 가게를 방문하는 고객이 누구인지, 그들이 원하는 상품 구성이 무엇인지를 파악하고 그에 맞춰 최적화를 해나가야 한다.

예를 들어 젊은 엄마들이 많아서 커피랑 곁들일 수 있는 소량 판매를 원하는지, 직장인이 많아서 점심식사 대용으로 푸짐하게 만들어야 하는지는 상권에 따라 달라질 수 있다.

거듭 강조하지만 길 건너 경쟁점포에서 7천 원을 받는다고 해서 나도 그 가격에 맞추는 실수는 범하지 말자. 경쟁점포가 장사를 접으면 나도 같이 가게 문을 닫을 게 아니라면 말이다. 경쟁점포가 쉽게 따라 할 수 없는 나만의 경쟁력을 갖추는 것이 무엇보다 중요하다.

여기서 주의할 점은 대표 상품은 내 입맛대로 정하는 게 아니라는 것이다. 설령 내가 A라는 상품을 만들어 시그니처 메뉴로 고객들에게 홍보했다고 하더라도 고객들이 B를 선호하면 A 대신 B를 시그니처 메뉴로 밀어야 한다.

샌드위치 전문점인데 샐러드가 더 잘 팔린다면 '샐러드 전문점'으로 간판을 바꿔 다는 것도 진지하게 고려해볼 필요가 있다. 다시 한번 강조하지만 중요한 것은 사장인 내가 무엇을 팔고 싶은지가 아니라 고객이 무엇을 원하느냐다.

물론 처음에는 시행착오가 있을 것이다. 하지만 장사를 처음 하는 사장님이라고 하더라도 경험이 쌓이다 보면 판매 데이터상으로 고객이 원하는 메뉴가 무엇인지 알게 된다. 그렇다면 어떻게 해야 매출 대비 순이익률이 높아질까. 시그니처 메뉴 한 개가 있고, 이를 받쳐주는 서브 메뉴 2~3개로 단순화하면 이 구조가 가능하다.

간혹 메뉴를 최대한 많이 가져가야 판매율이 높아질 거라는 생각에 메뉴판을 빼곡하게 채우는 사장님들도 있지만 이는 1인 장사에서는 절대 금물이다.

나 역시 장사 초반에는 메뉴 종류만 40가지가 넘었다. 샌드위치, 해독주스, 생과일주스 등 구색이 정말 다양했다. 당시에는 타깃 고객에 대한 개념도 없었고, 머릿속에는 '아이부터 어른까지 좋아할 만한 메뉴를 다 만들어내야 한다'는 생각뿐이었다. 하지만 결과적으로 이는 매출에 독이 되었다.

다양한 메뉴를 만들기 위해 갖춘 식재료들이 시간이 흐르면서 썩거나 상해서 버리는 양이 어마어마했다. 어쩌다 한 번 팔리는 메뉴를 만들려고 그 모든 레시피를 외우고 있어야 했다.

내 몸은 슈퍼맨이 아니고 하루에 일할 수 있는 시간은 정해져 있기에 1인 사장은 선택과 집중을 잘해야 한다. 처음에 다양한 메뉴를 선보였더라도 고객에게 많이 팔리는 대표 메뉴를 정했다면 이후부터는 메뉴를 하나씩 지워나가야 한다. 그래야 매출 대비 순이익률이 높아진다. 이를 테스트하는 기간은 2주면 충분하다.

대표 메뉴가 생기면 일하는 생산성도 훨씬 좋아지고, 같은 재료를 반복 구매하는 과정에서 사입 단가가 낮아지기도 한다. 이 과

메뉴가 40가지나 되었던 메뉴판과 단순화한 메뉴판

정에서 자연스럽게 마진율이 오르게 된다.

◆ 상품 구성의 문제

두 번째로 우리 가게 상품 구성이 어떠한지 살펴보자. 좋은 재료
를 써서 상품 단가가 올라가 걱정이라면 상품 구성에 변화를 주는
방법도 있다. 샌드위치의 경우 1개에 7천 원이라면 하프컷으로 잘라
서 4천 원에 판매하는 식이다. 혹은 샌드위치를 포장하는 케이스를
조금 더 고급스럽게 만들어 7천 원의 가치를 높이는 방법도 있다.

나는 샌드위치 하프 사이즈에 커피 등의 음료를 더한 '도시락 상
품'으로 6천 원에 판매해서 고객들의 반응이 좋았던 적이 있다. 설
령 샌드위치에서 마진율이 나오지 않더라도 커피나 음료 등 마진
율이 높은 음료 상품으로 마진율이 보강될 수 있다.

샌드위치 원가 비중(단품일 경우 평균 50% 내외)

판매가	원가 비중	마진율
7,000원	샌드위치 홀사이즈 원가 3,500원(50% 적용 시)	50%
6,000원	샌드위치 하프 + 음료 원가 2,000원	67%

나는 가게 오픈 이후 상품 구성을 바꾸기로 결정하기까지 2개
월 정도 걸렸다. 첫 두 달은 상품 판매 데이터를 쌓고 시그니처 메

뉴를 구성하는 테스트 기간으로 삼고, 2개월 차 이후부터는 불필요한 메뉴를 제거하고 도시락 상품으로 마진율을 높인 것이다. 간혹 주력 상품이 잘 팔리지 않음에도 6개월, 1년을 버티는 사장님도 있는데, 1인 업장은 변화에 능동적으로 적응해야 한다.

- "아직 손님들 반응을 모르니 최대한 버텨보자."(X)
- "2달 동안 내 상품에 잘못된 점은 없을까?
  다른 전략을 시도해보자."(O)

자영업자에게 시간은 금이다. 만약 현재 가격이 잘못되었다고 판단되면 빠르게 원인을 파악하고 문제를 해결해야 한다. 식재료의 유통기한은 생각보다 짧다. 납품을 받을 때는 이 재료로 만든 상품을 모두 팔 수 있을 거라고 생각하지만 막상 판매를 해보면 파는 상품보다 버리는 재료가 더 많다는 사실을 알 수 있다.

◆ 메뉴가 다양했을 때의 문제

메뉴가 많을 때의 단점은 또 있다. 어느 날 매장을 방문한 고객이 당근 해독주스를 주문했다. 하필 때마침 재료가 떨어져서 그 메뉴만 준비할 수 없는 상황이었다. 그러면 사장님은 어떻게 대응할까?

"고객님, 죄송한데 오늘 저희가 그 메뉴는
재료가 없어서 품절 상태예요."

이렇게 대답하면 고객은 실망하는 기색을 내비칠 것이다. 오픈한 지 얼마 안 된 매장이라면 고객의 신뢰를 한순간에 잃는다. 이런 일이 벌어지지 않도록 하려면 메뉴 개수를 줄이고 대표 메뉴를 하루빨리 정착시키는 것이다.

점차 없애야 하는 메뉴

- 제조에 손이 많이 가는 메뉴
- 해산물 등 재료 보관이 어려운 메뉴
- 제조 후 재료의 로스율이 높은 메뉴

위 조건으로 보면 생각보다 많은 메뉴가 제외 리스트에 오른다. 나는 이 기준에 더해 '에그 샌드위치'를 포함해 3종류의 샌드위치만 남기고 다른 메뉴는 모두 맞춤형 도시락으로 꾸렸다. 그랬더니 메뉴를 40종으로 했을 때보다 매출과 순이익률이 모두 늘었다.

◆ 매출을 예측할 수 있는 장사를 하라

가격을 올바로 책정했다면, 그리고 앞서 언급했던 마케팅과 홍보를 열심히 했다면 매출은 조만간 안정될 것이다. 하지만 매출이 계속 나온다고 해서 사장이 마음 편하게 쉴 수 있는 건 아니다.

장사를 하다 보면 불안을 안고 사는 날이 더 많다. 멘탈이 곧 경쟁력이라면 수시로 드는 이러한 불안감을 어떻게 통제하느냐에 따라서 내 경쟁력도 높아진다고 볼 수 있다. 경험상 장사를 하며 불안하지 않은 경우는 딱 하나, 매출이 예상될 때이다. 당장 다음 달, 그다음 달의 예약 매출이 어느 정도 잡혀 있으면 마음이 편안해진다. 이 때문에 마인드 컨트롤을 잘하는 사장님들은 대체로 예약 손님 비중이 항상 유지된다.

◆ 예약 손님 늘리는 방법

그럼 예약 손님을 늘리려면 어떻게 해야 할까? 이 부분은 이벤트가 정답이다. 우리나라만큼 이벤트를 자주 하는 나라가 있을까. 한국 사람들은 소소하더라도 매일 새로운 이벤트를 기대한다. 생일 이벤트, 오픈 1주년 이벤트, 화이트데이 이벤트, 여름맞이 이벤트, 크리스마스 이벤트 등 이벤트는 기획하려고 하면 얼마든지 다양하게 만들 수 있다.

내 경우는 1년 이벤트를 달력에 미리 표시해두고 이벤트를 준비하는 편이다. 대개는 해당 이벤트 3개월 전부터 프로모션을 준비하는 게 좋다.

도시락 업계의 경우 3월부터 본격적으로 시즌에 접어든다. 이때 어떤 키워드로 홍보할지 미리 준비해두는 것이다. 홍보는 어느 날 블로그 포스팅을 하나 쓴다고 해서 '떡상'하는 게 아니다. 최소한 3개월 이상 '도시락 추천 메뉴' 등을 포스팅하면서 공을 들여야 한다.

자영업자는 항상 한 시즌을 앞서갈 필요가 있다. 당장 오늘 내일만 바라보고 하는 장사는 언젠가는 끝이 온다. 3월에 도시락 판매가 잘되면? 그때는 5월 성수기를 준비해야 한다. 업종을 떠나서 성수기가 없는 업계는 없다. 자영업자는 누구나 매년 성수기와 비수기의 롤러코스터를 타게 되는데 비수기는 매장을 홍보 마케팅하는 기회로, 성수기는 판매를 극대화하는 방향으로 준비하면 1년 매출을 잘 이끌어나갈 수 있다.

◆ 가격 할인 이벤트는 금물

이때 주의할 점은 이벤트라고 해서 '할인 이벤트를 해야겠군' 하고 단순하게 생각하면 안 된다는 것이다. 거듭 강조하지만 가격을 깎아주는 건 하수다. 차라리 고객에게 해당 금액에 상응하는 리워드를 제공하는 게 낫다.

예를 들어 커피 한 잔 가격이 3,500원이라고 하면 고객에게 샌드위치를 3,500원 할인해주는 것보다 커피 쿠폰 하나를 주는 게 낫다. 커피 원가는 500~800원에 불과하므로 사장으로서도 부담이 없고 고객은 3,500원을 이익 보았다고 생각해서 좋기 때문이다.

 가격을 할인해주는 것보다 리워드를 제공하는 게 낫다.

순수익을 높이는
가격 정하기 전략

글도 그렇고 인생도 그렇다.
모든 것은 수십 수백 번 고쳐 쓰는 것이다!
— 어니스트 헤밍웨이

마진율 높이기 전략 1:
예약제로 파는 법

샌드위치 전문점을 시작하고 얼마 안 되어 장사가 안 될 때 손님을 기다리는 시간은 무척이나 길게 느껴졌다. 손님을 맞을 준비를 완벽하게 하고 있어도 손님이 거의 없는 날도 있었다.

"이렇게 무작정 손님을 기다리는 것이 장사인가."

이런 체념이 들 때쯤 머리를 번뜩 스치는 생각이 있었다.

"그래, 손님이 나를 찾아오게 하면 되지
내가 왜 손님을 꼭 기다려야 해?"

장사를 하는 사람은 손님을 기다린다는 당연한 상식을 나는 거꾸로 뒤집고 싶었다. 손님이 돈을 지불하고 상품이나 서비스를 구입하는 건, 손님이 이를 필요로 하기 때문이다. 그렇다면 손님에게 필요한 것을 제공하는 사장님이 더 중요한 존재가 아닐까?

 때로는 역발상이 불리한 상황을 헤쳐나가는 돌파구가 되기도 한다.

◆ 예약제 도입

그렇게 생각하고 나서 시도한 게 '예약제'였다. 나는 도시락을 예약 판매로만 돌리고 그 이후부터는 손님을 기다리지 않기로 했다. 그러고 나니 마음도 한결 편해지고 무엇보다 시간 여유가 생겼다. 예약제를 도입하기 전에는 메뉴 개발에 투자하거나 장사를 더 잘하기 위해 나 자신에게 투자할 만한 여력이 없었다. 그런데 예약제로 돌리고 난 이후부터는 나를 찾는 손님에게만 집중하고 그 밖의 시간은 나 자신에게 집중할 수 있었다.

매출은 어떻게 달라졌을까? 처음에는 혹시 예약제로 손님이 떨어지면 어쩌나 걱정했는데 그건 쓸데없는 걱정이었다. 신기하게도 도시락을 예약 판매로 돌리니 손님은 줄었지만 객단가는 더 높아졌다. 단위당 매출이 높다 보니 예약 판매를 하기 전과 이후는 일하는 시간은 줄었는데 수익은 높아진 것이다. 나 스스로도 놀라운 결과였다.

그렇게 나 자신을 위한 시간이 생기면서 요리 공부와 마케팅 공부를 시작했다. 사장인 내가 요리에 대한 열정이 식으면 장사도 실패할 거라고 생각해 누구보다 열심히 요리를 배웠다. 그렇게 배운 요리를 메뉴를 업그레이드하는 데 반영하자 고객의 만족도는 더욱 높아졌다.

전에는 몰랐던 마케팅의 세계에도 관심을 두게 되었다. 블로그와 인스타그램을 배우고 나니 오프라인 매장이 왜 온라인에서 마케팅을 해야 하는지 뼈저리게 느꼈다. 손님들은 오프라인 매장은 아무 생각 없이 스쳐 지나가지만 인스타그램 피드에 올라온 사진은 빼놓지 않고 본다. 게다가 온라인 마케팅은 잘 배워두기만 하면 비용을 거의 들이지 않고 사장 혼자서 자기 가게를 홍보할 수 있다.

처음부터 마케팅을 알았던

인스타그램 홍보는 무엇보다 중요하다.

게 아니기에 공부하고 시행착오를 겪으며 배웠다. 인스타 포스팅을 하면서 어떻게 하면 조금이라도 '좋아요' 수가 늘어나게 할지, 어떻게 하면 댓글이 많아질지 등을 연구하는 과정은 가게 운영과도 비슷한 점이 많았다. 오프라인 매장에서도 어떻게 하면 지나가는 손님에게 한 번이라도 우리 가게를 알릴 수 있을지 고민하지 않나. 이처럼 인스타그램 피드도 어떻게 하면 팔로워들의 눈길을 끌 수 있을지 고민하고 또 고민하면서 조금씩 실력이 늘게 된다.

이렇게 느리지만 한 걸음씩 공부하고 내공을 다져온 결과 현재는 인스타그램 팔로워가 3만 명까지 늘어난 상태다.

마진율 높이기 전략 2:
SNS 마케팅

가게 장사를 하는 분들은 SNS 마케팅이 중요하다는 걸 모르는 사람은 없다. 그렇지만 SNS 마케팅이 실제로 우리 가게 매출을 올려준다고 생각하는 사람은 별로 없다.

"남들이 다 하니까 우리도 만들어놓기는 했는데
그냥 가지고 있어요."

하지만 경험상 오프라인에서 업장을 경영하는 사장님이라면 최소한 블로그와 인스타그램은 필수적으로 해야 한다. 손님이 그걸 보고 찾아오냐고? 당연히 찾아온다. 나는 온라인 마케팅을 한 이후 최소한 매출이 그 전보다 50배 이상 늘었다.

◆ SNS 마케팅과 가격의 관계

그럼 인스타그램이 도대체 상품 가격하고 무슨 관련이 있는지 궁금한 사람도 있을 것이다. 당연히 관련이 있다, 그것도 아주 깊게! 예를 들어 우리 가게 샌드위치를 7천 원에 판다고 해보자. 길 건너 경쟁점포에서는 5천 원에 팔고 있으니 단순 가격경쟁력만 보면 우리가 불리하다. 하지만 SNS를 활용하면 7천 원에 파는 우리 가게 샌드위치의 가격경쟁력을 지킬 수 있다.

저희 샌드위치는 직장생활을 하면서 늘 아침을 생략했던
제 과거에서 출발했습니다. 당시 저는 육아를 하는 워킹맘이어서
아침을 자주 거르곤 했는데 그러다 보니 점심때 너무 배가 고파
과식을 하는 경향이 있었어요. 점심에 과식하면 오후에 배가
불러 졸려서 업무 효율이 떨어지고, 또 그러다 보니
간식을 찾아서 먹는 식의 패턴이 반복되었죠.
이후 저는 위병으로 오래 고생했는데, 만약 그때 아침을
거르지 않고 간편한 건강식을 먹었다면 아프지 않았을 것 같아요.
당시의 저처럼 아침을 먹지 않고 출근하는 워킹맘을 위해
만든 샌드위치로, 각종 곡물이 들어간
영양 샌드위치를 간편하게 드실 수 있습니다.

만약 위와 같은 스토리가 담긴 샌드위치라면 2천 원 정도 비싸

샌드위치에 스토리를 입히면 샌드위치가 특별해진다.

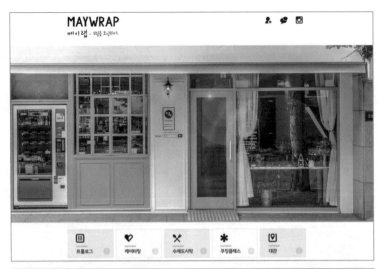

메이랩은 SNS의 중요성을 깨달은 뒤 블로그, 인스타그램을 만들어 운영하고 있다. 사진은 메이
랩 블로그

도 워킹맘에게 충분히 어필할 수 있을 것이다. 나는 남편 생일에 도시락을 만들었던 경험을 살려 SNS에 '남편 생일 도시락'을 만들어 포스팅을 올렸다. 그랬더니 다음 날 팔로워가 남편 생일에 회사로 보낼 도시락 10인분을 주문하는 게 아닌가!

단순한 아이디어라도 SNS에서 활용하면 곧바로 매출로 이어질 수 있다. 이후부터는 신메뉴를 개발하거나 이벤트를 할 때면 반드시 인스타그램 피드 스토리를 먼저 쓰게 되었다. 고객들 역시 아무 이유 없는 이벤트보다는 스토리가 있는 이벤트에 마음을 열고 반응해주었다.

물론 마케팅을 처음 하는 사장님들은 인스타그램 계정 운영이 낯설고 힘들 것이다. 어렵게 팔로워를 늘렸는데 내가 고심해서 올린 이벤트에 반응이 없으면 마음에 상처를 입기도 한다. 그러나 이런 시행착오는 당연한 것이다. 메뉴를 만드는 것도 처음에는 시행착오를 반복하지 않는가! 마케팅도 하면 할수록 실력이 늘고 결국 매출로 이어지는 성과를 거둘 수 있으니 안 된다고 쉽게 포기하지는 말자.

◆ 오프라인 업장에만 목을 매지 말자

만약 내가 장사가 안 되던 시절 자포자기하는 심정으로 가게를 지키고만 있었다면 어떻게 되었을까? 아마도 지금의 '메이랩'은 존재하지 않았을 것이다. 가게 월세를 내기도 빠듯해 허덕대다가 그대로 장사를 그만두지 않았을까.

내 인생에 포기란 없다. 정말 힘들고 도망가고 싶을 때 잠시 내려놓고 하늘을 바라보거나 훌쩍 여행을 떠나보자. 새로운 시각을 보면서 많은 영감을 얻게 될 것이다. 포기는 나 스스로만 하는 것이다. 스스로 포기하지 않는다면 꿈은 반드시 이루어진다.

하지만 나는 현실에 굴복하지 않았고, 새로운 돌파구를 찾아서 문을 열었다. 고심해서 원가 계산을 한 뒤 가격을 책정했는데 팔리지 않는다? 그렇다고 내 상품이 팔리지 않는 걸 가격 탓으로 돌리면 안 된다. 문제는 가격이 아니라 마케팅일 수도 있으니 말이다.

가격책정은 이제 시작인 것이다. 가격책정을 아무리 절묘하게 해도 초반에 오던 손님이 계속 우리 가게에 온다는 보장은 없다. 고객의 마음은 한없이 요동친다. 어제까지 충성고객처럼 보이던 고객이 하루아침에 발길을 끊는 일이 비일비재하니까 말이다.

그렇기에 상품의 퀄리티와 서비스, 가격 등 우리 매장을 채우고 있는 모든 것을 적극적으로 고객에게 알려야 한다. 그것만이 시간과 몸이 재산인 자영업자들이 치열한 경쟁에서 살아남는 길이다.

마진율 높이기 전략 3: 부가가치를 높여라

하루에 12시간씩 일해서 경쟁매장을 이기겠다는 전략으로는 한계가 있다. 처음에 그렇게 가게가 자리 잡혔다고 해도 언젠가는 체력이 떨어지고 힘이 달리는 한계 시점이 온다. 그때가 되면 가격을 올리지 않고 버틸 수 있을까. 사회공헌활동으로 장사를 하는 게 아니라면 내 노동력에서 의미 있는 수익을 얻기 위해서도 가격을 올려야 한다.

◆ 일하는 시간보다 부가가치 창출이 더 중요하다

나는 장사를 하는 모든 이들이 일한 만큼, 아니 그 이상의 의미 있는 수익을 가져갔으면 한다. 그러려면 반드시 가격 책정전략을 알아야 하고, 나아가 이를 활용해 어떤 아이디어로 매출을 올릴지 고민해야 한다. 나는 일찍이 이 점을 깨달았고 샌드위치 매장에 접목해 남다른 성과를 올렸다.

어떻게 이런 성과를 올릴 수 있었을까? 내가 파는 샌드위치가 특별했기 때문이 아니다. 가격의 중요성을 알았기에 이를 장사에 여러 방향으로 접목하려고 참 많이 고민했다.

예를 들어 단품인 샌드위치를 몇 달 팔아보니 샌드위치를 하루 20~30개 이상 팔아야 겨우 본전을 유지하는 정도라는 걸 알았다. 그래서 상품의 부가가치를 높이고자 샌드위치에 과일과 음료 등 디저트를 더해 패키지로 만들고 가격을 2만 원으로 올렸다.

전에는 7천 원짜리 샌드위치를 하루 종일 팔아도 하루 20만 원 매상을 올리기 어려웠다. 그런데 패키지 상품은 하루에 10개만 팔면 하루에 20만 원 매출이 뚝딱 나오는 게 아닌가. 당시 월 임대료가 45만 원이었는데, 한두 번 이런 경험을 하다 보니 조금씩 감이 잡히기 시작했다.

그렇게 단체 주문시장을 공략하기로 마음먹었다. 당시만 하더라도 도시락 단체 주문시장이 활성화되지 않았을 때라서 내가 거의 독점하듯 주문을 받을 수 있었다.

단체주문을 받고 나서 좋은 점이 또 있었는데 그것은 지난해 주문했던 고객이 다음번 행사 때 또다시 단체 주문을 한다는 것이다. 나는 어떤 손님이든 처음 주문한 고객에게는 원가를 생각하지 않고 재료를 아낌없이 넣어 최선을 다해 만들었고, 그 마음을 알아준 고객들이 단골이 된 것이다.

단체주문의 또 다른 장점은 한번에 많은 고객에게 메이랩을 알릴 수 있다는 것이다. 예를 들어 100인분 도시락을 준비해 드리면 동시에 100명에게 우리 가게를 알릴 수 있는 기회가 생기는 셈이다. 이때 우리 가게 로고나 연락처가 들어간 스티커를 꼭 붙여서 보내면 맛있게 드시고 만족한 고객들은 번호를 저장했다가 기회 있을 때 연락을 해서는 어떤 행사에서 먹어보고 연락하는데 몇 인분 주문 가능하냐고 문의한다.

◆ 부가가치를 어떻게 높일까

오직 원재료로 차별화하는 것은 아주 초보적인 단계라고 본다. 요즘은 질 좋은 재료를 쓰지 않는 곳을 찾기 어려울 정도로 최상급 재료로 음식을 만드는 곳들이 늘고 있다. 그렇다면 재료로 차별화하는 건 어느 정도 한계가 있다고 보는 것이 옳다. 이럴 때는 시야를 조금 더 넓혀보자. 경쟁력 있는 질문을 자신에게 던져봐야 한다. 예를 들면 이런 식이다.

"우리 가게에서만 먹을 수 있는 샌드위치는 어떻게 만들어야 할까?"
"경쟁점포에서는 따라 할 수 없는 특별한 메뉴는 어떻게 만들까?"

이는 타깃 고객을 어떻게 정하느냐는 질문과도 연결되어 있다.

- 밥하기 싫은 주부를 위한 건강 샌드위치
- 아침을 거르는 직장인을 위한 샌드위치
- 수험생을 위한 영양만점 샌드위치

이처럼 타깃을 누구로 정하는지에 따라 특화된 메뉴를 얼마든지 개발할 수 있다. 요즘은 건강 관리를 위해 저염식으로 식사하는 이들도 많은데 샌드위치를 저염식으로 만들어 파는 것도 차별화 포인트다(실제로 메이랩을 오픈할 당시 저염식 전문점으로 차별화를 시도해 좋은 반응을 얻었다).

차별화의 포인트는 재료 외에 여러 가지가 있을 수 있다. 내 경우는 도시락을 만들면서 속재료를 요리할 때 식당용 웍을 쓴 적이 한 번도 없다. 모두 가정용 팬으로만 조리해서 일일이 손으로 만들었다. 그렇게 한 이유는 가정용 팬으로 만들어 최대한 집에서 만든 맛과 느낌을 내기 위해서다.

 메이랩 모토는 집밥 그것도 저염식 집밥이다.

"팬 하나로 맛이 얼마나 달라지겠어?"

이렇게 생각하는 사람도 있는데 실제로 테스트해보면 맛이 완전히 다르다는 걸 알 수 있다. 특히 고기의 경우 식당용 팬으로 요리하면 고기의 아랫부분은 타고 윗부분만 삶아져 고기 누린내가 나며 맛이 떨어진다. 하지만 가정용 팬으로 정성껏 요리하면 고기가 골고루 익는다.

가정용 팬을 쓰면 좋은 점은 무엇보다 음식의 맛을 일관되게 유지할 수 있다는 것이다. 식당용 팬을 쓰면 요리하는 사람의 컨디션이나 상황에 따라 음식 맛이 조금씩 달라진다. 하지만 가정용 팬은 온도 조절을 균일하게 할 수 있어 음식 맛이 항상 일정하게 유지된다.

물론 이렇게 하면 손은 더 많이 간다. 업소용 팬을 쓰지 않으면 요리하는 데는 더 불편하다. 하지만 도시락을 판매하면서 '집밥 같은 도시락을 만든다'는 슬로건을 내걸었기 때문에 이 점을 감수하면서 가정용 팬을 쓰는 것이다.

〈서민갑부〉 출연 당시 가정용 팬으로 요리하는 모습

수강생 중 '쌀 베이킹' 매장을 운영하는 사람이 있었다. 그는 부모님이 암에 걸리는 바람에 잠시 가게 문을 닫고 부모님 간호를 하던 중 시간을 내서 내 강의를 들었는데, 쌀 베이킹 매장을 어떻게 차별화할지 모르겠다고 고민을 털어놓았다. 나는 그에게 빵을 좋아하는 부모님을 위해 건강한 빵을 만들어보라고 제안했다. 그리고 브랜드명을 'am브레드'라고 리뉴얼하도록 했다.

암 환자들을 위한 건강한 빵에 '저렴한 가격'을 원하는 고객이 있을까? 아마 암 환자가 먹을 수 있다는 사실만으로도 감사한 마음으로 지갑을 열 것이다.

이처럼 타깃을 차별화하는 것만으로도 제품의 경쟁력이 생긴다.

◆ 가격을 탄력적으로 운영하라

타깃을 차별화한 뒤에도 주의할 점이 있다. 바로 가격을 항상 탄력적으로 조율해야 한다는 것이다. 특히 재료비 때문에 원가가 급격히 올라가는 상황에서는 더욱 조심해야 한다. 이와 관련해서 나 역시 장사 초기에 뼈아픈 경험이 있다.

당시만 해도 재료비가 수시로 인상된다는 점을 간과했다. 내 딴에는 밀려드는 고객의 주문을 처리하느라 재료비를 크게 신경 쓰지 않고 도매상에 주문을 넣었는데, 연말에 재료비가 크게 오르면서 원가율이 터무니없이 높아진 것이다.

두 달 동안 신나게 열심히 일하며 돈을 벌었는데 막상 정산을 해보니 내가 번 돈은 허공으로 사라지고 없었다. 순이익률이 매우 낮았기 때문이다.

이 경험을 토대로 배운 점이 하나 있다. 재료비 변동이 있는 품목을 판매할 때는 가격을 탄력적으로 운영해야 한다는 사실이다. 예를 들어 맞춤 도시락의 경우 연말에는 1인당 5만 원을 받고 비수기에는 1인당 35,000원을 받는 식이다. 성수기 때 재료비가 오른 것을 가격에 반영하는 대신 연말 도시락 상품은 재료의 퀄리티를 약간 더 높이는 것으로 상쇄한다.

"가격을 임의로 바꿔도 괜찮을까요?
오히려 손님들에게 신뢰를 잃는 건 아닐까요?"

가격을 탄력적으로 운영하라고 하면 이렇게 묻는다. 시도해보지 않은 사장님으로서는 불안한 게 당연하다. 나 역시 가격탄력제를 시도하기 전에는 그랬다.

"고객에게 바가지 씌운다는 비난을 받으면 어쩌지."

이런 불안감이 드는 건 당연하다. 하지만 특정 시기에 가격이 높아지는 상품은 생각 외로 많다. 항공권이나 숙박권도 비수기나 성수기냐에 따라 가격 차이가 난다. 그런데 음식 장사라고 가격이 달라지면 안 될 이유가 있을까.

　이미 국내에서는 '가격탄력제'가 광범위한 업종에서 적용되고 있다. 손님들은 '연말 특수니까 가격이 조금 비싼 건 받아들일 수밖

가격탄력제Price Elasticity of Demand는 상품이나 서비스의 가격이 변화함에 따라 수요가 얼마나 변하는지를 나타내는 개념으로 수요의 변화율과 가격의 변화율 간의 관계를 나타낸다. 기업은 가격탄력성을 파악하여 가격을 조절함으로써 수익을 극대화하고 시장의 변화에 민첩하게 대응할 수 있으며 경쟁력을 유지하고 성공적인 마케팅 전략을 수립할 수 있다.

가격탄력제를 적용하는 대표 사례

・호텔 등 숙박업체

호텔은 성수기에는 높은 요금을 부과하고 비수기에는 낮은 요금을 적용하는 것이 일반적이다. 성수기에는 여행객이 많아 예약이 쉽게 차고, 따라서 높은 요금을 적용하여 수요 조절을 하며, 비수기에는 빈 객실을 채우기 위해 낮은 요금을 제공한다. 일정 기간 예약 시 할인해주어 선점 예약을 유도하기도 한다.

・항공사와 여행사

항공사는 성수기에는 항공편을 늘리고, 비수기에는 항공편을 줄이는 등 운항 스케줄을 조정한다.
여행사는 성수기에는 여행비를 높게 책정하고, 비수기에는 할인 티켓을 판매하여 수요를 유도한다.

・음식점과 카페

성수기에는 메뉴 가격을 조금 더 높게 책정하고, 비수기에는 할인 행사나 이벤트로 소비를 유도한다. 성수기에는 더 많은 인파를 상대하므로 가격 인상이 수익을 높일 수 있으며, 비수기에는 손님 유치를 위해 가격을 낮추거나 특별한 메뉴를 제공한다.

・온라인 쇼핑과 이커머스

온라인 쇼핑몰은 성수기에는 세일 이벤트나 할인 쿠폰을 활용하여 소비를 유도하고, 비수기에는 새로운 제품 발매나 시즌 상품을 선보여 수요를 확보한다. 이커머스는 상품의 재고 관리와 물류 시스템을 효율적으로 운영하여 성수기와 비수기에 따른 재고를 조절한다.

에 없다'고 인지한다. 괜히 먼저 겁먹고 망설일 필요가 없다는 뜻
이다.

내 경우 예약제 도시락을 가격탄력제를 도입해 판 덕분에 코로
나19 시기에도 매출이 떨어지지 않고 오히려 올라갈 수 있었다.

 카멜레온처럼 상황에 따라 가격을 탄력적으로 운영하는 것이 오래 살
아남는 방법의 하나다.

마진율 높이기 전략 4:
순수익률은 서브 메뉴로 높여라

왜 어떤 상품은 가격이 비싸도 잘 팔리는 반면 어떤 상품은 저렴해도 안 팔릴까? 가격이 소비자의 구매 의사에 미치는 영향은 어느 정도일까? 꼭 경영 이론을 연구하는 학자가 아니더라도 자영업자의 관심도 항상 여기에 있다.

> "어떻게 하면 고객이 우리 상품의 가격을 인정하고
> 기꺼이 지갑을 열어줄까?"

적어도 이런 고민을 하는 사장님이라면 우리 가게 상품의 가치를 높이고 이를 가격에 반영할 준비가 된 사람이라고 할 수 있다. 이때 중요한 것은 '가격'에 초점을 맞추기 전에 '상품'에 초점을 맞취야 한다는 사실이다.

드라마에 주연과 조연이 있듯이 상품에도 주연이 있다. 우리 가게에 메뉴가 5가지가 있다면 이 메뉴들이 전부 주연은 아닐 것이다. 드라마에서 누가 가장 몸값이 높을까? 당연히 주연을 맡은 주인공이다. 나머지 조연과 엑스트라는 상대적으로 몸값이 낮다. 하지만 음식에서는 주인공의 몸값이 가장 낮아야 한다. 즉, 많이 팔리는 메뉴는 마진율보다는 고객들에게 우리 가게를 알리는 역할을 해야 한다.

◆ 고마진율 상품의 비밀

주인공이 드라마에서 가장 빛나는 존재이듯이 우리 가게의 시그니처 메뉴가 가게를 알리고 있다면, 가장 높은 마진율은 시그니처 메뉴가 아닌 서브 메뉴에서 발생한다. 시그니처 메뉴를 많이 팔아서 수익을 많이 내겠다고 생각하는 사장님들도 있지만, 전략적으로 볼 때 이는 현명한 방식이 아니다.

시그니처 메뉴는 말 그대로 고객이 가장 이득을 보도록 설계되어야 한다. 고객이 값을 치르고 얻은 상품이 자신이 낸 돈보다 가치가 높아야만 우리 가게를 또 방문할 게 아닌가.

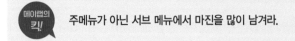

나는 대표님들에게 서브 메뉴에서 마진을 많이 남기라고 조언한다. 그리고 서브 메뉴의 경우 고객들이 메인 메뉴에 비해 상대적으로 주목을 덜 하므로 고마진율이라고 해도 심리적 거부감이 덜하다.

예를 들어보자. 낙지 전문점에 가면 낙지덮밥을 대표 메뉴로 내세우는 경우가 많다. 대개는 1인분에 13,000원 정도인데 안에 들어가는 낙지 재료를 생각하면 비싼 가격은 아니라고 할 수 있다. 낙지덮밥은 당연히 사람들이 가장 많이 주문하는 시그니처 메뉴다.

그런데 메뉴판을 살펴보면 시그니처 메뉴 바로 밑에 낙지파전이 있다. 낙지파전의 가격은 18,000원이다. 생각해보면 둘 중 어느 쪽이 재료비가 더 들어갈지는 쉽게 예상할 수 있다. 낙지파전은 낙지덮밥보다 낙지는 덜 들어가면서 가격은 높은 편이다. 즉 마진율이 높다.

◆ 부메뉴로 돈 버는 이유

그런데 사람들이 낙지덮밥을 먹을 때 덮밥만 먹을까? 3~4명이 둘러앉아 메뉴를 주문하면 파전 하나쯤은 곁들이게 마련이다. 그

낙지덮밥이 주메뉴이더라도 주수익은 파전이나 다른 메뉴에서 나올 수 있다.

렇다면 이 가게의 마진율은 낙지덮밥보다는 파전이 더 높다고 할 수 있다. 낙지덮밥으로 사람들에게 호응을 얻고 돈은 부메뉴인 파전에서 버는 식이다. 여기에 음료수나 주류 등이 포함되면 낙지전문점의 주수익은 파전과 기타 메뉴라고 봐도 지나친 말이 아닐 것이다.

많은 사장님이 기를 쓰고 시그니처 메뉴에서 수익을 내려고 한다. 낙지전문점이니만큼 낙지덮밥으로 돈을 벌려고 하는 건 자연스러운 생각이다. 하지만 수익률로 따진다면 이는 주객이 전도된 것이다.

그렇다고 해서 낙지덮밥을 적당히 만들고 파전에 힘을 주어야 할까? 그렇지 않다. 낙지덮밥이 가성비가 훌륭하고 맛있어야 하는 건 기본이다. 그래야만 사람들이 시그니처 메뉴를 보고 들어와서 서브 메뉴를 주문할 테니 말이다.

하지만 메뉴에 서브 메뉴 없이 낙지덮밥만 있다면? 아마도 이 가게는 돈을 벌지는 못할 것이다. 매출이 높아도 순이익률이 떨어지는 구조이기 때문이다. 우리 가게를 이끌어가는 중추적인 존재는 시그니처 메뉴다. 그리고 시그니처 메뉴 외에 돈을 벌게 해주는 메뉴는 바로 서브 메뉴다.

시그니처 메뉴를 정할 때도 주의할 점이 있다. 손이 최대한 덜 가고 대량 생산이 쉽게 가능해야 한다는 것이다. 만약 낙지덮밥이 아닌 낙지찜이 대표 메뉴라고 하면 회전율과 생산성이 현저히 떨어질 것이다. 바쁜 점심시간에 고객이 빨리 주문해서 먹고 나갈 수 있는 메뉴를 정하는 것이 그래서 중요하다. 부메뉴도 마찬가지다.

낙지덮밥에서 파전이 잘 팔리는 이유는 주문하면 음식이 금방 나오기 때문이다. 낙지덮밥을 먹고 있으면 어느새 파전이 하나 따라 나오는 식이다. 파전이 먼저 나오고 바로 낙지덮밥이 나오기도 한다. 만약 부메뉴를 만드는 시간이 오래 걸린다면 주메뉴를 금세 먹은 고객이 주문을 취소하는 경우가 발생할 것이다.

이는 샌드위치 가게도 마찬가지다. 샌드위치 도시락을 주문할 경우 샌드위치 단품으로는 돈을 벌 수 없다. 샌드위치의 특성상 재룟값이 많이 들어가서 원재료 비중이 높아질 수밖에 없으며, 원가가 가격의 50%가량을 차지한다고 볼 수 있다.

하지만 이를 도시락으로 구성해서 샌드위치와 과일, 음료를 한 박스에 넣을 경우 전체 원가율이 30%로 떨어진다. 왜냐하면 음료

샌드위치 단품일 때와 샌드위치 도시락으로 구성했을 때 원가 차이가 날 수밖에 없다.

는 원가가 200원인 상품을 1천 원에 팔 수 있기 때문이다. 과일 또한 판매가격에서 재료비가 차지하는 비중이 10%도 채 되지 않으니 전체적으로 원가율이 떨어질 수밖에 없다.

요컨대 마진율이 높은 상품과 그렇지 않은 상품이 섞이면 고객도 재료가 얼마만큼 들어 있고 이 상품이 적정 가격인지 판단하기 쉽지 않다. 만약 샌드위치 단품을 판매한다면 고객은 샌드위치 빵을 들어보고 안에 들어간 재료를 하나하나 파악한다.

"이거 원가가 3천 원쯤 되겠네."

햄버거나 샌드위치 속재료를 보고 이런 생각을 한 번쯤 해봤을 것이다. 가격이 1만 원인 새우튀김을 주문했더니 새우 네 마리가 튀김으로 나왔다면 새우 한 마리당 2,500원이라는 게 금방 계산된다. 그럼 고객은 새우튀김이 싸다거나 비싸다는 판단을 금세 하게 된다.

고객이 머릿속으로 쉽게 원가 계산을 할 수 있는 메뉴는 마케팅하기가 어렵다. 이 때문에 고가의 메뉴를 책정할 때는 원재료 수량을 고객이 계산하기 어렵도록 구성하는 것이 중요하다.

예를 들어 새우튀김이라고 하면 새우를 4개만 넣기보다는 새우 3개에 호박, 가지튀김을 각각 2개씩 곁들여서 튀김의 개당 단가를 계산하기 어렵게 하는 식이다.

원재료 개수는 보통 짝수보다는 홀수로 넣는 것이 고객이 계산하기 모호하게 된다.

메뉴를 구성할 때 재료를 보고 원가를 쉽게 계산해내기 어렵게 하는 것이 중요하다.

마진율 높이기 전략 5:
차별화된 강점 만들기

"저는 메뉴가 그리 특별하지 않은데 가격을 올려도 될까요?"

가격을 올리라고 하면 자주 듣는 질문 중 하나다. 음식점이나 카페 등을 하는 사장님들이 착각하는 것이 있다. '손님이 우리 매장에 와서 음식값을 지불하고 간다'고 생각하는 것이다. 하지만 과연 그럴까?

사람들이 스타벅스 매장에 가는 이유는 커피가 맛있기 때문이 아니다. 커피맛보다 중요한 건 스타벅스가 집도, 사무실도 아닌 '제3의 장소'를 제공하기 때문이다.

"내 마음대로 편하게 있어도 되는 공간에서 여유롭게 시간을 보낸다."

스타벅스는 스타벅스만의 감성을 담아 고객의 마음을 사로잡았다.

이것이 바로 스타벅스의 경쟁력이다. 그렇다면 소상공인 사업자는 이를 어떻게 활용해야 할까?

우리는 우리만의 무기를 써야 한다. 한 사장님은 음료 맛이 평범한 카페를 운영하는데 늘 손님이 북적거린다. 그 이유가 무엇인지 살펴보다가 이 사장님의 태도가 매우 특별하다는 사실을 발견했다.

사장님은 손님이 오면 한 사람 한 사람을 말 그대로 '귀한 손님'처럼 대접한다.

"저번에 따님 결혼하셨죠?

인스타 사진을 보니까 신랑이 참 잘생겼던데요!"

"이번에 이직하셨죠? 회사는 마음에 드세요?"

이렇게 고객의 SNS를 보고 근황을 하나하나 물어보면서 친근하게 대하는 사장님에게 손님들은 자석처럼 이끌린다. 그는 포장하는 고객에게도 스티커에 응원하는 문구를 직접 써서 붙여준다. 내가 손님이라고 해도 한 번 이 매장에 오면 단골이 되지 않으려야 않을 수 없을 것 같다.

◆ 마음을 어루만지는 경쟁력

요즘처럼 상처받기 쉬운 시대에 사장이 손님 마음을 어루만져줄 수 있다면 그보다 큰 경쟁력이 또 있을까. 회사에서 스트레스를 받고 집 안에서는 치이는 사람들에게는 쉴 곳이 필요하다. 스타벅스 매장에 갔더니 마음이 편하긴 한데 대화를 나눌 마땅한 상대가 없다. 그럴 때 집 근처에 내 마음을 알아주는 사장님이 있다면 그곳을 찾는 게 당연하지 않을까. 이런 매장은 커피맛이 평범하더라도 분명 단골들로 북적일 것이다.

요컨대 우리 매장의 경쟁력은 비단 음식 맛뿐만 아니라 따뜻한 성품과 태도가 될 수도 있다. 작은 매장이 경쟁에서 살아남을 수 있는 방식이다. 가격 형성의 요소에는 좋은 원재료와 같은 상품의 질뿐만 아니라 소통 능력이나 친근함 등 자신만의 태도가 가치화되어야 한다.

또 다른 사례를 들어보자. 피아노를 전공한 T사장은 카페에서 매주 정기적으로 피아노 연주회를 한다. 연주회라고 해서 거창한 게 아니라 일정한 시간마다 피아노 앞에서 연주하는 것이다. 손님들은 평소처럼 편안하게 커피를 마시러 왔다가 덤으로 연주회를 즐기고 돌아간다. 커피나 샌드위치를 좋아하지 않는 고객들도 T사장의 연주를 들으려고 카페 단골이 되었다. T사장은 커피를 좋아하는 사람이 아니라 음악을 좋아하는 사람으로 타깃을 바꾸어 성공을 거둔 것이다.

이는 다양한 분야로 응용될 수 있다. 미술을 좋아한다면 방과 후에 아이들 돌봄을 겸하는 건 어떨까. 아이들에게 스케치를 가르쳐주면서 아이 엄마들이 믿고 맡길 수 있는 공부방처럼 운영하는 것이다. 주말이면 아이들을 위해 쿠킹 클래스를 열어보는 것도 좋겠다.

 카페에서는 커피뿐만 아니라 감성과 감동을 함께 팔 수 있다.

4장

내가 파는 상품에
가치를 만드는 법

모든 것은 변한다. 그대로 남아 있는 건 아무것도 없다. 지금까지
한번 업적을 달성했다고 성공이라 말하고 성공을 위한 시도를 멈춘다면
그것은 마지막 숨에 의존해 남은 인생을 살아가겠다는 것이나 마찬가지다.

— 메이랩

가안비 심리를
공략하라

이 책에서는 '가격'을 얘기하지만 결국 우리는 '가치' 얘기를 하는 것이다. 요즘처럼 가치를 어필하기 좋은 시대가 또 있을까. 나만의 뚜렷한 개성과 철학이 있다면 이를 매장에 반영해 고객들을 팬으로 만들 수 있다. 그리고 이 모든 것에 가격이 담긴다면 단순하게 상품만 파는 경쟁점포보다 더 비싼 가격으로 판매하는 것이 가능하다.

◆ 사장이 팔방미인이 되어야 하는 이유

"저는 커피가 좋아서 창업했는데 꼭 그렇게 다양한 걸 해야 하나요?"

브랜드 가치를 언급하면 이런 질문을 하는 사람이 있다. 요즘 장사는 단순히 '고객에게 필요한 물건을 판다'는 소극적 개념을 넘어선다. 장사가 일종의 '퍼포먼스'가 된 시대에 사장님은 팔방미인이 되어야 한다. 어느 한 가지만 잘해서는 프랜차이즈 매장을 이길 수 없다. 1인 사장은 더욱 철저하게 개인화된 매장, 고객 맞춤형 매장으로 진화할 필요가 있다.

2019년까지는 가성비와 가심비의 시대였다. 소비자들은 착한 가격에 기능과 효용이 있는 상품에 주저 없이 지갑을 열었다. 롯데마트가 선보인 '통큰치킨'이 대표적 상품이다. 그러나 코로나19로 건강과 안전의 중요성이 급부상하면서 먹는 것, 입는 것, 쓰는 것 모두에 '안전성'이 중요한 상품 가치로 떠올랐다. 이제는 아무리 가성비가 좋은 상품도 안전하지 않으면 소비자들의 외면을 받을 수 있다.

통큰치킨

롯데마트에서 2010년 12월 9일부터 자사상표 PB로 판매하다가 12월 16일에 판매를 중단한 치킨 브랜드다. 가격 5,000원에 통 큰 양으로 기존의 BBQ치킨, 교촌치킨 같은 고가형 치킨들보다 양이 많아서 많은 사람이 이 치킨을 사려고 몰려들어 줄을 서서 기다리는 '통큰치킨 대란'이 일어나기도 했다.

ⓒ롯데마트

◆ '가안비'에 숨은 소비자의 속마음

불과 몇 해 전까지만 해도 겨울철 난방비를 아끼기 위해 소비자들이 온수매트를 선호했다면, 최근 온수매트가 터지는 사고가 뉴스에 나오면서 폭발 염려가 없는 카본매트가 주목받고 있다. 온수매트보다 가격이 비싸지만 화재 염려가 없는 카본매트가 '가안비'를 중시하는 시장을 움직이고 있는 것이다.

그럼 장사하는 사람은 이러한 가안비 트렌드를 어떻게 영업에 녹여내야 할까. 가안비가 추구하는 것을 들여다보면 답을 찾을 수 있다. 가안비를 중시하는 소비자의 마음을 정리해보면 다음과 같다.

- 이 상품(서비스)은 위생에 문제가 없을까?
- 이 상품(서비스)은 비대면 접촉으로 이용이 가능할까?
- 이 상품(서비스)은 나에게 특화되어 있을까?

코로나19를 겪으며 고객들은 위생과 비대면에 민감해졌다. 그에 따라 자신의 상황과 여건에 맞는 상품을 선호하는 현상이 나타나기 시작했다. 내 경우는 코로나19 시기에 맞춤형 도시락 매출이 크게 늘었다. 레스토랑이나 대형음식점에서 타인과 함께 밥을 먹기를 꺼리는 소비자의 심리를 겨냥해 맞춤형 상품을 만든 것이 통한 것이다.

또 모두가 가게에 손님이 적게 온다고 걱정할 시기에 나는 매장을 예약제로 오픈해서 대관 매출을 올렸다. 매일 한 팀만 최소 6명이 예약하면 당일에 코스 요리를 제공하는 이 상품의 가격은 인당 77,000원이다. 나로서는 하루에 한 팀만 받아도 당일 매출이 나오기 때문에 한 팀만 받는다는 원칙을 유지할 수 있었다.

결과는 어땠을까? 이 상품은 예약이 폭주해 대기 수요가 있을 정도로 반응이 좋았다. 고객들의 이러한 심리 기저에는 '비용을 조금 더 쓰더라도 내가 좋아하는 지인들과 퀄리티가 높은 음식을 편안하게 먹고 싶다'는 마음이 있다. 이러한 고객의 심리를 파악할 수 있다면 코로나19 같은 시기에도 매출이 오히려 올라갈 수 있다는 점을 기억하자.

입소문은 보이지 않는 요소에 숨어 있다

나에게 가성비는 곧 입소문이다. 나는 도시락 사업으로 전향한 지 5년이 넘었지만 그동안 한 번도 홍보나 마케팅에 큰돈을 쓴 적이 없는데 대부분은 구매한 고객이 소개해주거나 재구매를 해주었기 때문이다.

사장이 요리에 자신이 없을 때 대개 광고비를 쓰게 된다. 적어도 나는 내가 만든 제품에 자신이 있었기에 남의 손을 빌리지 않고 나 스스로 인스타그램 홍보를 하고 주변에 매장을 알렸다. 그랬더니 이렇다 할 광고를 하지 않고도 입소문만으로 매출이 점점 늘기 시작했다.

"저 가게 문을 닫게 되었습니다.

마지막으로 이 집 도시락 맛보려고 왔어요."

어느 날 가게 문을 열고 들어온 남자 손님이 있었다. 그는 작은 여행사를 운영했는데 코로나19로 여행 수요가 끊기면서 급기야 사업을 그만두게 되었다.

"사장님 정말 속상하시겠네요. 하지만 분명
더 좋은 날이 올 거예요. 제가 힘내시라는 뜻으로
에너지 듬뿍 담은 도시락 만들어드릴게요."

나는 평생을 여행업에 헌신해온 그의 노력이 한순간에 물거품이 된 것이 너무나도 안타까웠다. 그가 도시락을 먹고 힘을 내기를 바라는 마음으로 재료를 아낌없이 도시락에 담았다.
그런데 3년이 지난 뒤 그에게서 또다시 연락이 왔다.

"사장님, 드디어 코로나19가 끝나서
다시 영업을 시작하게 되었습니다.
그동안 사장님 도시락이 얼마나 먹고 싶었는지 몰라요.
앞으로 잘 부탁드립니다."

장사를 오래 하다 보면 이렇게 잊고 있던 고객이 다시 연락을 줄 때가 있다. 이때는 나도 덩달아 반가운 마음이 들고, 내가 만든 음식이 단순히 고객의 허기를 채우는 상품이 아니라 고객의 영혼까지 바꿔주는 '소울 푸드'가 될 수 있음을 알게 되었다.

만약 내가 도시락을 파는 가성비만 생각하고 재

> 소울 푸드soul food는 영혼을 흔들 만큼 인상적인 음식. '영혼의 음식'을 뜻하는 한국식 영어다. 추억의 음식이라고도 하나 영어권에서 소울 푸드는 미국 남부의 아프리카계 미국인 음식을 가리킨다.

료를 최대한 아껴서 팔았다면 이런 고객을 만날 수 있었을까? 나는 불가능할 거라고 본다. 하지만 가격이 조금 비싸더라도 내 노력에 대한 정당한 대가를 받고 고객을 만족시키면 이렇듯 고객으로부터 찬사를 받는 날도 오게 된다.

◆ 패키지의 중요성

음식의 가격을 결정하는 수많은 요인 중 '패키지 디자인'을 빼놓을 수 없다. 보기 좋은 음식이 맛도 좋다는 건 빈말이 아니다. 아무리 맛있는 음식도 검정 비닐봉지에 담아서 상대에게 건네면 단지 허기를 채우는 제품으로 전락한다. 모든 음식은 저마다 격에 맞는 패키지를 활용해야 한다.

특히 핑거푸드를 도시락으로 서비스하는 내 경우 케이스에 음식을 그냥 담는 것보다 밑받침과 컵 케이스를 곁들인 포장으로 선보이면 상품 가

> 핑거푸드finger food는 젓가락이나 포크 따위의 도구를 사용하지 않고 손으로 집어 먹는 음식을 통틀어 이르는 말. 맨손음식이라고 한다.

핑거푸드도 어떻게 포장하느냐에 따라 가치가 다르게 느껴진다.

치가 달라지게 된다. 그렇기에 포장 박스도 우리 매장의 로고가 담긴 맞춤형 박스를 쓰도록 하자. 이는 기성품 박스에 비해 가격은 비싸지만 이 또한 마케팅 비용의 일종이다. 잘 브랜딩된 제품은 패키지 디자인부터 신경 써야 한다. 그리고 이 역시 가격 요소에 반영할 수 있는 부가가치 중 하나다.

고객이 스스로 찾아오는
마케팅 전략

가격이 다소 비싼 상품도 한정 판매라는 타이틀이 붙으면 상대적으로 가격이 덜 비싸게 느껴진다. 이는 사람의 심리가 한정 판매를 하는 상품을 봤을 때 '지금이 아니면 저 상품을 살 수 없겠지'라는 희소가치를 느끼도록 만들기 때문이다. 내 또 다른 브랜드인 '슬라이트밀'의 경우 간편식 도시락 상품은 오전 11시부터 오후 3시까지만 한정 판매를 한다.

슬라이트밀은 영업시간을 정해 한정 판매를 했다.

내 상품인 도시락을

간절하게 원하는 고객이라면 내가 팔기로 한 시간에 맞춰서 오는 게 맞지 않을까? 이제는 단순히 '고객이 왕'인 시대가 아니라 고객이 원하는 상품이나 매장에 팬이 되는 인플루언서와 팬의 관계가 중요한 시대로 바뀌었다. 이 경우 가격 결정권은 고객이 아닌 사장이 쥔다는 장점도 있다.

 매장의 주도권은 항상 사장인 내가 쥐고 있어야 한다.

다른 고객이나 경쟁점포의 눈치를 보면서 가격을 바꾼다면 고객에게 오히려 신뢰를 잃을 수 있다. 나만의 철학이 없는데 치열한 경쟁 속에서 장사를 오래 할 수 있을까? 아마 불가능할 것이다. 예를 들어 유기농 채소가 들어간 디저트를 고집한다면 주변에서는 아마 이를 말릴 것이다.

"이렇게 좋은 재료를 쓰면 남는 게 있어요?"
"굳이 유기농을 고집할 필요가 있을까요?"

걱정해서 하는 말들이 때로는 사장인 나의 발목을 잡는다. 내 마음이 흔들리는 순간, 내 경쟁력 또한 사라지게 된다. 내가 유기농 재료를 고집한다면 이미 불특정 다수를 고객으로 삼지 않겠다는 뜻이다. 이럴 때는 유기농 재료의 가치를 알아봐주고 그 가격에 돈을 지불할 고객에게 팔면 된다.

◆ 타깃 맞춤형 상품의 중요성

또 다른 차별화의 예시를 살펴보자. 오피스 상권의 경우 직장인을 대상으로 한 메뉴를 고민하게 된다. 이 경우 가장 먼저 '시간을 내기 어려운 직장인에게 가치 있는 디저트는 무엇인가'를 고민해볼 필요가 있다. 그러다 보면 다양한 아이디어와 차별화 포인트가 생각나게 마련이다.

직장인에게 가장 중요한 건 아마도 '시간'이 아닐까? 직장인에게 가장 소중한 시간은 점심시간인데 1시간이라는 짧은 시간에 맛있는 식사를 하고 디저트를 먹고 싶은 마음은 모든 직장인의 바람일 것이다.

그렇다면 직장인의 귀중한 점심시간을 아껴주고 맛과 영양을 동시에 챙겨줄 수 있는 샌드위치를 개발한다면 어떨까? 혹은 도시락을 만든다면 직장인에게 도시락을 배달해주는 건 어떨까? 저녁 대용으로 먹을 수 있도록 '퇴근 도시락'을 만들어서 파는 것도 전략이다.

이처럼 직장인을 위해 어떤 가치를 제공할지 고민하다 보면 무궁무진한 아이디어가 떠오를 수 있다. 이 경우 시간이 소중한 직장인에게 '편의성의 가치'를 전달함으로써 차별화된 경쟁력을 만들어내는 것이다. 만약 집 근처에 도시락집이 있더라도 퇴근 시간에 맞추어 가성비 좋은 맞춤 도시락을 만들어두는 곳이 있다면 가격이 조금 비싸더라도 후자를 선택할 것이다.

"어떻게 하면 고객이 나를 찾을 수밖에 없도록 할 것인가?"

이것이 바로 고객을 팬으로 만들어야 하는 자영업자가 깊이 고민해야 할 질문이 아닐까 한다.

포장과 장식에
정성을 담은 차별화

'상세페이지'는 인터넷에 물건을 팔려면 기본적으로 만들어야 하는 항목이다. 상세페이지에는 보통 제품의 이미지는 물론 제품에 대한 설명이 들어가는데, 이것이 잘 어우러지게 디자인하려면 적잖은 비용이 들

> 상세페이지는 온라인 쇼핑몰에서 판매되는 물건을 돋보이게 홍보하는 제품 설명서로, 인터넷에서 제품을 검색하고 쇼핑까지 하는 요즘은 상세페이지를 어떻게 만들어 소비자의 시선을 사로잡느냐가 제품 판매와 직결된다고 할 정도로 그 중요성이 커지고 있다.

어간다. 소비자들이 보고 물건을 살지 말지 판단하는 가장 중요한 제품 설명서이다 보니 그럴 수밖에 없다. 그럼 물건이 아니라 음식이라면 어떻게 포장해서 홍보해야 할까?

◆ 매출을 올려주는 음식 담음새

"보기 좋은 떡이 먹기도 좋다"라는 속담이 있듯이 알고 보면 음식을 맞춤한 그릇에 담아내는 일은 어제오늘 사람들 입에 오르내린 것이 아니다. 사람이 식기를 사용하기 시작한 오래전부터 음식 '담음새'라고 해서 플레이팅Plating(음식을 접시, 냄비 등 그릇에 올리는 것) 개념이 있었고, 사람들도 그 중요성을 알았기에 어떤 음식을 어느 그릇에 담을지 신경을 많이 썼다.

재료를 준비해서 다듬은 뒤 조리하고 그릇에 예쁘게 담아내는 것까지가 모두 요리라고 할 수 있다. 즉 정성 들여 만든 음식을 맞춤한 그릇에 제대로 담아내야 비로소 요리가 완성되었다고 할 수 있으므로 요리를 담는 기술인 플레이팅은 소홀히 할 수 없는 필수 과정이다.

음식을 담을 때는 몇 가지 기본 원칙이 있다.

음식에 어울리는 그릇에 담기

나는 음식점 컨설팅을 할 때 가장 먼저 그릇과 플레이팅을 바꾸라고 요청한다. 상세페이지도 전문 디자이너가 만들어야 하듯이 플레이팅도 강사가 따로 있을 정도로 전문 영역이다. 그러다 보니 음식점 사장님들이 플레이팅을 어떻게 해야 좋을지 고민하면서도 쉽게 바꾸지 못하는 것이 현실이다.

사실 그릇만 바꿔도 요리의 퀄리티가 확 올라가는 걸 볼 수 있

유기그릇은 음식의 품격을 높여주며 넓은 접시는 음식을 장식하기에 좋다.

다양한 우드 트레이나 채반도 훌륭한 플레이팅 재료다.

다. 비싼 그릇을 써야 할 필요도 없어서 비빔밥은 유기그릇에 담고 스테이크는 주물팬이나 넓은 접시에 담으면 음식이 훨씬 고급스럽게 느껴진다. 우드 트레이나 채반 등도 특색 있는 모양새를 내준다. 이렇게 참신한 플레이팅으로 음식을 담아내면 고객의 눈길을 끌 수밖에 없다.

샐러드나 과일은 눈에 보이게

샐러드나 과일은 투명한 그릇이나 투명한 컵에 담아보자. 투명한 용기는 내용물의 신선함을 확인할 수 있으며 먹기에도 편리하다. 똑같은 샐러드도 투명 컵에 담으면 3,000~5,000원 정도에 판매할 수 있고 도시락에 담아 한 끼 식사처럼 만들면 8,000~9,000원 선에서 판매할 수 있다.

◆ 포장이나 플레이팅에 진심을 다한다

나는 음식을 조리하는 것만큼이나 플레이팅에 신경을 많이 쓴다. 플라스틱 그릇에 먼저 종이 포일을 깔고 그 위에 음식을 담으면 환경호르몬 걱정을 덜 하게 되고 보기에도 고급스럽게 느껴진다. 잡채, 수육, 갈비찜처럼 따뜻해야 하는 한식은 알루미늄 포일 용기에 담아 온도를 유지하면서도 포장할 때는 다른 음식에 열이 전달되지 않도록 한다. 이렇듯 완성된 요리를 맞춤 제작한 상자에 보기

그대로 테이블에 세팅해도 근사한 상차림이 되도록 한다.

좋게 담으면 그대로 테이블에 세팅해도 근사한 상차림이 된다.

1인 도시락을 세트로 묶어 배송할 때도 비닐이나 스티로폼에 담지 않는다. 단체 도시락은 대개 특별한 날을 축하하려고 주문하므로 개개인이 도시락을 받을 때 선물을 받는 느낌이 들도록 생화 포장 서비스를 한다. 이처럼 플레이팅 포장에 공을 들이면 제품의 가치가 높아 보여 고객도 덩달아 기분이 좋아진다.

◆ 저절로 스마트폰을 꺼내게 한다

'남는 것은 사진밖에 없다'는 말처럼 요즘은 사람들이 예쁘거나 독특한 것을 보면 스마트폰부터 꺼내 든다. 사진을 찍어서 간직하거나 SNS에 공유하려는 것이다. 음식도 마찬가지여서 특별하다는 느낌이 들면 사진을 찍어 SNS에 올리니 가게로서는 저절로 홍보

풍경이든 음식이든 멋스러운 것을 보면 사진으로 남기고 싶어진다.

가 되기에 정성 들여 예쁘게 차려내는 것 자체가 곧 마케팅이다.

아무리 맛있는 음식도 볼품없이 차리면 먹어보기도 전에 이미 저평가된다. 내 가게 플레이팅이 어떤지 알고 싶다면 음식을 내놓았을 때, 특히 여성 고객이 스마트폰을 꺼내는지부터 살펴보면 된다. 여성 고객이 인증샷을 찍지 않는다면 문제가 있다고 보아 방법을 찾아야 한다.

사람들이 물건을 살 때 이왕이면 예쁜 것을 사려고 하는 것은 자기만족도 있지만, 자신의 소비 수준을 드러내고 싶은 욕구도 어느 정도 작용한다. 이는 음식에도 마찬가지여서 음식 소비자들의 이런 욕구를 채우고자 한다면 음식 맛은 물론 플레이팅이나 포장에도 신경을 많이 써야 한다.

가격을 끌어올리는
메뉴 이름 짓기

자영업자들은 가게를 오픈할 때 메뉴 이름을 크게 중요하게 여기지 않는 경향이 있다. 보통 가게 이름만 신경 쓰고 메뉴 이름은 나중에 생각하지 하는데, 상호를 결정하는 것만큼이나 메뉴 이름을 잘 지어야 한다. 그럼 어떻게 해야 메뉴 이름을 잘 붙일 수 있을까? 메뉴 이름을 결정할 때 고려해야 할 몇 가지 방법을 알아본다.

제품의 차별화를 강조한다
- 예시: 주인장의 수제소스 샌드위치
- 예시: 미팅할 때 편하게 먹을 수 있는 핑거푸드 샌드위치

권위를 보여준다
- 예시: 서민갑부 샌드위치

- 예시: 고객만족도 1위 케이터링닷컴

식재료의 산지 또는 조리법을 표현한다

- 예시: 제주도 유기농 흙당근으로 만든 당근수프
- 예시: 수비드 공법으로 만든 부드러운 스테이크

상상력을 자극한다

- 예시: 5초 만에 완성되는 파티 케이터링박스
- 예시: 할머니 손맛을 담은 청국장찌개

고객의 이익을 강조한다

- 예시: [한끼든든 35찬] 한식뷔페
- 예시: [편리함] 전화 한 통으로 호텔식 뷔페를 보내드립니다

한정성을 부각한다

- 예시: [하루 20인분 한정] 반반 런치 세트
- 예시: [오늘만] 특별한 한정 세트–한정 수량, 빠르게 선착순 판매

메뉴 이름을 바꾸면 가격이 올라갈 수 있으며 메뉴에 사용된 단어 수가 많아질수록 음식값이 높아질 수 있다고 한다. 이는 오래전부터 내려온 레시피나 메뉴는 물론 현대에 등장한 메뉴 그리고 맛집 리뷰를 검토한 결과 밝혀진 사실이라고 한다.

게다가 메뉴를 수식하는 글자 하나의 가치가 200원 정도라고 하니 '새우꼬치'를 '레드페퍼홀 갈릭소스 쉬림프 스퀘어'로 바꾼다면 가치가 꽤 올라가게 된다. 그냥 김치찌개와 돼지 김치찌개와 보성 녹돈 김치찌개는 직관적으로도 가치가 다를 거라고 느껴진다.

또한 메뉴판에 주재료를 설명하는 말이 하나도 없다면 메뉴판을 다시 만들어야 한다. 재료든 재료의 산지이든 조리법이든 메뉴판에 적어둘 것은 많다. 메뉴 이름은 대충 짓는 게 아니라 고객이 맛있는 상상을 하며 메뉴를 선택하도록 지어야 한다. 메뉴판에 적힌 음식 이름만 봐도 맛이 느껴지는 메뉴 이름이 필요하다.

 메뉴 이름은 고객이 행복한 선택을 하도록 돕는다는 마음으로 지어야 한다. 듣는 것만으로도 맛이 그려지는 그래서 먹기도 전에 맛이 느껴지는 메뉴 이름을 지어 보자.

매출을 늘리는
메뉴판 구성

음식점이나 가게를 운영한다면 누구나 매출을 늘리고 싶어 하는 욕구가 있다. 그러나 매출을 늘리는 것이 생각보다 간단한 일이 아니므로 메뉴판을 효과적으로 활용해 소비자의 심리적 특성을 고려한 전략을 세워야 한다. 이번에는 선택의 역설과 심리적 회계를 중심으로 한 메뉴판 구성 전략을 알아본다.

◆ 메뉴판 작성 방법부터 심사숙고한다

고객은 메뉴판이 복잡하면 <u>선택의 역설</u>에 빠질 수 있으므로 메뉴판을 단순화하여 선택의 불안을 최소화해주는 것이 중요하며,

이를 위해 다음과 같은 전략을 고려할 수 있다.

미끼 상품 전략

메뉴판의 가장 상단이나 맨 앞에 가격이 높은 '미끼 상품'을 배치하는 것이 효과적이다. 이는 소비자가 다른 메뉴를 합리적인 가격으로 느낄 수 있도록 도와준다. 미끼 상품이 비싸다고 해서 걱정할 필요가 없다. 때로는 미끼 상품이 다른 메뉴를 더욱 저렴하게 느끼게 하는 효과가 있다.

심리적 회계를 활용한 메뉴판 작성

메뉴판을 작성할 때는 심리적 회계의 원리를 고려하는 것이 중요하다. 저렴한 상품부터 점점 가격이 올라가는 형태로 메뉴를 구성하면 고객들은 '가격이 점점 비싸지네'라고 생각하면서 저렴한 상품을 선택하게 된다.

심리적 회계Mental Accounting는 동일한 금액의 돈이라도 사람마다 주관적으로 다른 계좌account로 구분해 돈의 가치를 다르게 둠으로써 취급 방식이나 지출 행태가 달라지는 일반적 성향을 가리킨다. 미국의 리처드 세일러Richard H. Thaler가 소개한 개념으로, 그는 많은 사람이 심리적 회계 때문에 비합리적·비논리적 의사결정을 할 수 있으며, 이것이 결과적으로 잘못된 지출이나 투자로 이어질 수 있다고 보았다.

하지만 비싼 상품을 먼저 적어놓으면 앵커링 효과로 너무 저렴한 가격보다는 중간 가격대 상품을 선택하게 된다.

대형마트의 할인 전략과 연계

대형마트는 다양한 할인과 이벤트로 소비 욕구를 자극한다. 소비자는 할인된 가격으로 물건을 사면서 합리적 소비를 한 것으로 느끼게 되며, 이것이 매출 증대에 기여하게 된다. 이러한 전략을 메뉴판 전략에 연계하여 적용할 수 있다.

◆ 메뉴가 많으면 고객이 선택하기 어려워한다

심리학자 쉬나 아이엔가Sheena Iyengar는 판매 품목과 판매율의 관계를 실험하였다. 소비자에게 제안하는 옵션의 숫자가 판매에 어떤 영향을 미치는지 데이터로 확인하려는 것이었다. 실험 방법은 간단하다.

한쪽에는 6가지 잼을 놓고 시식하게 하고 다른 한쪽에는 24가지 잼을 놓고 시식하게 했다. 그 결과 6개를 진열했을 때는 고객의 40%만 맛을 보았지만 실제 판매는 30%가 이뤄졌고 24가지 샘플을 진열했을 때는 고객의 60%가 맛을 보았지만 실제 판매는 3%만 이뤄졌다.

이로써 상품의 가짓수가 많다고 해서 판매가 많이 되는 것은 아니며 오히려 너무 많은 선택권이 주어지면 소비자는 결정을 포기하는 경향을 보인다는 것을 알 수 있다. 즉 선택의 역설이 작동하는 것이다.

선택의 역설과 심리적 회계를 고려해 메뉴판을 구성하고 미끼 상품 전략과 할인 전략으로 고객의 소비 욕구를 자극하면 매출 향상에 성공할 수 있다.

구매가격이 높아지는
매장의 비밀

평소 자주 가는 매장 가운데 서브웨이 매장이 있다. 신선한 재료를 내가 직접 선택해서 원하는 샌드위치를 만들어 먹을 수 있다는 장점 외에 서브웨이에 가면 나도 모르게 장사의 기술을 배우게 된다.

알다시피 서브웨이는 빈 빵에 토핑을 하나씩 추가해서 마지막에 최종 가격이 확정되는 구조다. 고객은 자신이 원하는 다양한 재료를 추가하지만, 각각의 재료 가격은 500원, 1천 원대로 큰 부담이 없다. 하지만 이렇게 하나둘 토핑을 추가하다 보면 어느새 가격이 훌쩍 올라서 1만 원이 넘을 때가 많다. 그제야 '아차, 옵션을 너무 많이 추가했나 봐' 하지만 이미 결제 단계까지 오면 어쩔 수 없이 그대로 결제하게 된다. 나는 서브웨이의 이런 전략을 벤치마킹

했다.

샌드위치를 주문한 고객이 토핑을 하나 추가하거나 샐러드 등의 단품류를 추가하도록 배치했더니 그 전보다 매출이 30%가량 늘어났다. 아무런 옵션이 없는 단품 메

토핑을 하나씩 추가하게 되어 있는 서브웨이

뉴보다 옵션을 하나 추가한 것만으로 매출이 이 정도 올랐다면 무조건 시도해야 한다.

◆ 인테리어도 가격 요소

MZ들 사이에서 이른바 '핫플레이스'로 소문난 곳의 특징이 있다. 인테리어가 독특하다는 것이다. 글로우서울이 운영하는 익선동의 매장을 가보면 이국적인 인테리어와 독특한 메뉴 콘셉트로 평일에도 고객들이 줄을 선다. SNS에 올릴 만한 사진을 찍을 수 있는 곳인지, 아닌지에 따라 맛집의 평가도 달라지는 시대다.

인테리어 역시 부가가치를 만들어내는 중요한 포인트다. 1인 자영업자라서 상대적으로 예산이 부족해 인테리어에 신경을 쓰지 못하는 경우가 있지만, 이는 결코 돈 때문이 아니다. 인테리어를 어

멋스러움이 느껴지는 익선동 카페

떻게 하느냐에 따라 가격을 높게 받을 수 있다는 걸 알게 되면 대부분 자영업자가 인테리어를 신경 쓸 수밖에 없다.

꼭 많은 비용을 들여야만 인테리어를 잘할 수 있는 건 아니다. 적은 예산으로도 나만의 센스 있는 분위기를 만들어내면 된다. 최근에는 비행기를 모티브로 한 카페가 생겨나는 등 콘셉트가 독특한 매장들이 많이 생겼다. 가게 전체를 바꾸지 못한다면 출입구를 센스 있게 꾸미는 것으로도 충분하다. 요즘은 출입구를 자판기처럼 꾸며서 자판기를 열면 입장할 수 있도록 한 음식점이나 카페들도 생겨나고 있다.

비행기 출발을 알리는 듯한 카페 외관과 비행기 안처럼 인테리어를 한 카페 내부

출입구를 자판기 모양으로 만들고 벽면 디자인도 다양하게 꾸몄다.

내 상품의 경쟁력을
쉽게 테스트하는 법

　내가 파는 상품은 적정 가격일까? 고객에게 정식으로 내놓기 전에 내가 정한 가격에 정말 팔릴지 궁금하다면 펀딩을 이용해보는 것도 한 방법이다.

　나는 새로 개발한 큐브샌드위치를 테스트하기 위해 와디즈 펀딩에서 도시락 상품으로 론칭해본 적이 있다. 16,800원이라는 가격에 3명이 먹을 수 있는 브런치 메뉴로 포지셔닝해서 300%가 넘는 성사율을 달성할 수 있었다.

　이 펀딩을 기획할 때는 16,800원이라는 가격을 미리 정해두고 여기에 맞추어 메뉴를 구성했다. 이 정도 가격을 부담 없이 지불하려면 어떤 고객을 타깃으로 해야 할까?

　이 질문에 '2~3명이 함께 브런치를 먹는 가격으로 적당하다'고 판단했다. 이에 모닝빵 6개를 각종 채소, 치즈와 함께 먹을 수 있

와디즈 펀딩에서 론칭한 큐브샌드위치

도록 구성했다.

큐브 샌드위치 메뉴에는 앞서 말한 가격의 결정 요소들이 모두 담겨 있다. 2~3인분으로 풍성하게 먹을 수 있는 상품 구성, 샐러드와 음료의 옵션 요소 그리고 프랑스에서 공수한 우드 용기를 더해 시각적인 고급스러움을 더했다. 단지 가성비가 좋아서라기보다는 이런 충분한 기획이 사전에 있었기에 펀딩에 성공했을 것이라고 짐작해볼 수 있다.

16,800원이라는 가격은 원가의 4배 수준으로 책정한 것이다. 그리고 고객이 부담해야 할 택배비(3,500원)를 고려했을 때 최소 3개 이상 주문하면 무료로 배송해주도록 했다. 이렇게 정하고 나니 최초의 상품 가격은 12,000원이었다. 하지만 여기에 펀딩 수수료 등 기타 부가 비용을 더해서 최종 상품 가격이 16,800원으로 확정된

프랑스에서 가져온 우드용기에 담아 품격을 높였다.

것이다.

사람들은 왜 이 펀딩에 열광했을까? 고객 입장에서 이 펀딩의
부가가치를 분석해보면 그 답을 찾을 수 있다.

우선 상품 구성이 새로웠다. 기존에 흔히 볼 수 있는 메뉴가 아
니라 독특한 모닝빵과 재료의 구성이 브런치 메뉴로 차별화될 수
있었다. 시중에서 흔하게 볼 수 있는 모닝빵 대신 내가 원하는 모
양이 나오도록 공장에 부탁해서 만든 빵을 썼다. 또 주말에 가족
끼리 부담 없이 먹을 수 있는 가격과 구성이 고객의 마음을 확 사
로잡았을 것이다.

2~3인분의 브런치 메뉴를 매장에서 구입한다면 2만~3만 원이 훌쩍 넘는다. 하지만 16,800원이라는 합리적인 가격은 고객에게 충분히 매력적이었을 것이다.

이런 구성은 메뉴 기획 전문가가 아니더라도 누구나 조금만 신경 쓰면 충분히 만들어낼 수 있다. 빵 만드는 기술이 특별한 것도 아니고 특별한 레시피가 들어가지도 않았으니 말이다. 나는 이를 '기획의 힘'이라고 생각한다. 내가 만드는 음식의 상품 가치를 끊임없이 고민하는 사람이라면 누구나 이런 기획을 할 수 있고 또 해야만 한다.

가격 인상 시
예상할 수 있는 리스크

거리를 지나다 보면 샐러드 가게가 문을 닫는 것이 눈에 띌 때가 있다. 여름에는 한 달씩 문을 닫는 샐러드 가게도 있는데 처음에는 그 이유를 몰라 의아했다. 하지만 막상 샌드위치 가게를 운영하다 보니 그 이유가 재료 원가가 맞지 않기 때문이라는 사실을 알게 됐다.

샐러드에 들어가는 채소들 중 시기에 따라 가격이 널뛰는 재료가 있다. 대표적으로 바질이 그렇다. 바질은 여름에 나는데 잘 나오는 시기가 정해져 있다. 날씨가 너무 더우면 열사병에 걸려서 마르고, 겨울에는 추워서 자라지 못하는 채소가 바질이다. 하지만 바질 특유의 매력 때문에 샌드위치 매장을 처음 할 때는 바질을 참 많이 썼다. 때마침 시기도 바질이 가장 많이 나오는 때였다.

바질이 들어간 샌드위치. 계절성이 강한 식재료는 원가 산정 시 주의해야 한다.

나는 바질을 듬뿍 넣은 재료로 가격을 책정해 판매했고 예상대로 수익률도 매우 좋았다. 하지만 기쁨도 잠시, 여름이 지나자 바질 가격이 천정부지로 치솟기 시작했다. 순식간에 2배가 오른 바질 가격은 비쌀 때는 4배 가까이 폭등하기도 했다. 이렇게 되면 1인 자영업자는 바질을 사입할 엄두조차 내지 못한다.

이때 계절성이 강한 식재료가 밑바탕이 된 메뉴를 만들 때는 가장 비쌀 때를 염두에 두고 사입해야 한다는 걸 뼈저리게 경험했다. 이는 바질뿐만 아니라 양상추, 로메인도 마찬가지다. 이러한 채소 재료를 사입해야 할 때는 반드시 계절성 요인을 살펴보고 가장 고가에 매입한다는 가정하에 사입 단가를 계산하는 것이 좋다.

재료를 정할 때 대체 가능한 채소가 있는 품목을 고르는 것도 방법이다. 예를 들어 로메인은 청상추로 대체가 가능한 반면 바질은 대체 재료가 없으므로 재료로 고를 때 신중할 필요가 있다.

◆ 단체 주문 시 가격을 더 올려받아야 하는 이유

만약 도시락 등 단체 주문을 염두에 둔 메뉴를 판매할 경우 가격을 정할 때 유념할 사항이 있다. 단체 주문이라고 해서 가격을 할인해주지 말아야 한다는 것이다.

어느 날 단체나 기업에서 도시락을 1천 개 주문하고 싶다는 연락을 받았다고 하자. 상대방은 납품 조건을 협의하고 견적서를 받기 전에 대량 주문이니 할인을 해달라고 요구할 것이다. 그러면 대량 주문이니까 어느 정도 할인을 해주는 게 맞다고 생각할 수 있겠지만, 나는 할인해주는 것이 아니라 오히려 비용을 더 받아야 한다고 강조한다.

대량 주문의 경우 소량 주문과 달리 대비해야 할 변수가 많다. 예를 들어 천 명 중에서 입맛이 까다로운 사람이 있을 수 있고, 그 중에서 장이 약한 사람도 있을 수 있다. 천 명 중에서 한 사람이라도 음식을 먹고 클레임이 발생한다면 최악의 경우 천 명분 전체에 대해 환불이나 보상을 해주어야 할 상황이 생길 수 있다. 경험상 단체 도시락 주문에서는 이와 유사한 이슈들이 간혹 발생한다.

한 대기업의 행사 도시락을 준비할 때 있었던 일이다. 3천 명이 먹을 도시락을 정성스럽게 준비해서 납품했는데 행사 다음 날 담당자에게서 전화가 왔다.

"저희 직원 중에서 도시락을 먹고 배가 아프다는 사람이 있었어요."

이날 도시락에 해산물이 일부 들어갔는데 이 해산물이 상했을 가능성을 배제할 수 없었다. 아무리 철저하게 재료를 확인했다고 해도 도시락은 제조 시점부터 취식 시점까지 시간차가 있기 때문에 보관을 어떻게 했느냐에 따라서 재료가 상할 위험이 언제나 있다.

나는 우선 배가 아프다고 한 고객에게 연락을 했다.

"고객님, 저희 도시락을 먹고 배가 아프시다고 들었어요.
저희가 피해보상보험에 가입되어 있으니 병원에 가서
진단서를 떼오면 그에 걸맞게 보상해드리겠습니다."

이럴 때 담당자의 말만 듣고 무조건 해당 고객에게 보상해주겠다고 하지 말아야 한다. 정확한 사실관계가 확인되고, 해당 고객의 진단서까지 확보되면 그때 보상해주어도 늦지 않다. 고객의 심리가 오늘 저녁 배가 아프면 낮에 먹은 음식 때문이라고 생각하는 경향이 있다. 실제로 음식과 복통이 상관관계가 있으려면 정확한 진단이 선행되어야 한다.

"좀 지났더니 괜찮아졌어요. 그냥 보상 안 받을래요."

고객은 진단서를 가져오지 않았고 물론 보상도 포기했다. 결국 이 고객에게 상품권을 주어 위로 차원의 보상을 하는 것으로 끝맺었다.
만약 이렇게 대처하지 않고 배가 아픈 고객 모두를 일괄 보상해준다고 섣불리 말을 했다면? 아마 고객의 보상 심리가 작동해 3천 명 모두에게 보상해주어야 하는 상황이 전개되었을 수도 있다. 대량 주문 고객을 상대하려면 이런 리스크에 대비해야 하는 상황이 벌어진다.

대량 주문은 할인해줄 것이 아니라 오히려 비용을 더 받아야 한다.

◆ 손해를 보고라도 납품해야 하는 경우

하지만 예외도 있다. 손해를 보고라도 납품해야 하는 경우가 간혹 생긴다. 예를 들어 도시락을 판매하는 경우, 개업 초기 납품 이력이 없을 때는 포트폴리오를 쌓기 위해 마진을 생각하지 않고 납품하기도 한다.

내가 얼마 전 폴란드대사관 행사에 납품한 것이 이런 사례다. 보통 케이터링 예약은 200만 원부터 받는데 대사관에서 예산이 130만 원밖에 없다고 했다. 이 정도 예산이라면 마진이 거의 남지 않는 구조였다.

하지만 나는 대사관의 연락을 받고 하겠다고 말했다. 국가 기관에 해당하는 대사관에 음식을 납품한 업체라는 포트폴리오를 남기기 위해서다. 폴란드대사관에서는 마진이 없더라도 추후 다른 대사관에서 제안이 오면 그때는 원래 단가로 받아서 수익을 낼 수 있다.

처음 장사를 시작하는 과정에서도 남들이 쉽게 따라 할 수 없는 경쟁력을 갖추는 것이 중요하다. 나는 6천 명분의 도시락 제안이 왔을 때도 원하는 가격을 불러서 거래를 성사시킨 적이 있다.

폴란드대사관 행사는 포트폴리오 차원에서 진행했다.

대한민국에 6천 명이 먹을 도시락을 수제로 만들 수 있는 곳은 흔치 않다. 이 때문에 나는 자신 있게 가격을 말할 수 있었다.

현재 시점에서 우리 가게는 어느 곳에 초점을 맞추고 영업을 하느냐를 생각해야 한다. 포트폴리오를 쌓기 위함인지, 우리 가게의 명예가 중요한 상황인지, 아니면 수익률을 극대화해야 하는 상황인지 정확히 판단하는 것이 필요하다.

 현시점에서 우리 가게가 어디에 초점을 맞춰야 하는지에 따라 영업 전략을 짜라.

5장

사장의 태도가
곧 가격이다

남들 쉴 때 더 일하고 더 생각하고 최선을 다해 임하기 때문에
결과만 보는 사람은 그가 승승장구하는 것처럼 보이는 것이다.
— 메이랩

멘탈이 곧 가격이다

장사를 할 때 사장의 철학과 마인드는 매우 중요하다. 똑같은 음식도 어떤 마음가짐으로 만드느냐에 따라 맛이 달라지고, 사장이 무슨 생각을 가지고 업장을 운영하느냐에 따라 매출도 차이가 난다.

이 점은 거듭 강조해도 지나치지 않을 정도로 중요한데 대부분 사장님은 이 점을 쉽게 간과한다. 가게를 운영하면서 '나는 절대 양보할 수 없는 나만의 기준이 있는가?' 혹은 '나는 차별화된 서비스를 제공하고 있는가?' 등의 질문을 스스로에게 던져보는 것은 그래서 매우 중요하다.

나는 가격이 비싸니까 깎아달라고 고객이 요구해도 내 기준선을 양보하지 않는다.

"여긴 왜 이렇게 비싸요?"
"저희가 정한 퀄리티를 유지하기 위해서입니다."

가격이 저렴한 서비스를 원하는 사람은 더 싼 걸 찾아간다. 저렴한 것만 찾는 고객의 바짓가랑이를 잡고 늘어지는 것보다 나를 좋아해주고 지지해주는 고객을 만나는 게 더 좋지 않을까?

"대표님이 왠지 잘해주실 것 같고 신뢰가 가요.
그래서 저는 가격이 조금 비싸도 여기서 하고 싶어요."

이런 말로 도시락을 주문하는 고객에게 나는 재료를 아낌없이 써서 최고의 도시락을 만들어준다. 때로는 냉장고를 모두 털어서 견적서에 적힌 가격이 고스란히 재료비로 나간 적도 있다. 비록 견적서에 5가지 재료를 넣는다고 해도 그날 기분에 따라서는 10가지, 15가지 재료를 넣을 수도 있는 것이다. 그렇게 기분 좋게 서비스한 고객에게는 마진 이상의 보람을 느끼기 때문에 전혀 아깝지 않다. 그렇게 서비스를 받은 고객이 이후 단골이 되는 건 물론이다.

◆ 결국은 멘탈의 문제

장사가 잘되는 사람도 그렇지 않은 사람도 항상 앞날을 걱정한다.

"비수기 때 매출이 안 나오면 어쩌지?"

"다음 달 매출이 이번 달보다 떨어지면 어쩌지?"

아마 이런 걱정을 하지 않는 사장은 없을 것이다. 나 역시 미래에 대한 불안감이 엄습할 때가 있다. 적어도 내가 아는 성공한 사장들은 대부분 이런 걱정을 한다. 사장은 언제 불안하지 않을까? 다음 달 매출이 예측될 때다. 예약 손님이 있거나 예약 주문이 있어서 다음 달 매출이 예측될 때는 불안하지 않다는 것이다. 사장은 또한 1년 365일 걱정과 불안과 싸우며 장사해야 한다. 사장이 된 이상 멘탈 관리는 숙명과도 같다.

그래서 멘탈 관리가 중요하다. 장사하는 사람의 멘탈은 수시로 무너진다. 날씨가 궂어서 매출이 떨어질 때, 손님이 터무니없는 이유로 클레임을 걸 때, 예상치 않게 세금이 많이 나올 때 등 멘탈이 단단해질 때보다 무너지는 순간이 더 많은 것이 현실이다. 아무리 멘탈이 강한 사람도 장사 경험이 쌓이고 시간이 흐르면 조금씩 멘탈이 흔들릴 수밖에 없다. 사람이기 때문에 당연한 일이다.

한두 번은 파이팅할 수 있지만, 장사는 마라톤과 같이 1년, 5년 이상 계속 유지해야 한다. 따라서 멘탈 관리를 매일 해주지 않으면 이렇게 긴 호흡으로 장사를 해나갈 수 없다.

누군가 장사 노하우를 조언받으러 오면 나는 제일 먼저 멘탈 관리의 중요성을 말한다. 장사를 처음 하는 사람은 마케팅이나 레시피 같은 매장 영업에 관한 실전 기술이 중요하다고 생각하지 멘탈의 중요성은 상대적으로 낮게 본다.

그러나 장사를 2~3년 이상 해본 사장들은 한결같이 멘탈의 중요성을 안다. 1인 가게는 사장의 멘탈이 무너지면 모든 것이 무너진다는 걸 경험으로 알기 때문이다.

어렵게 가게를 오픈했는데 장사가 안 되면 그때부터 사장의 마음은 타들어간다. 월세를 내야 할 날은 다가오는데 매출이 안 나오면 매 순간 피를 말린다. 모처럼 고객 한 명이 와서 결제해주면 잠깐 기분이 좋았다가 이후 잠잠해지면 금세 불안해진다. 나를 포함해 모든 자영업자가 가게를 처음 오픈하고 몇 개월을 이런 심정으로 보냈을 것이다.

◆ 직감을 믿어라

나는 매장의 상품 가격은 곧 그 사장의 멘탈이라고 생각한다. 멘탈이 곧 가격이다. 이렇게 생각하는 이유는 단순하다. 남들이 6천원에 파는 상품을 8천 원에 팔려면 이 방식이 맞는다는 확신이 있어야 한다.

하지만 '확신'은 지극히 주관적인 영역이다. 사장이 자신이 하는 사업에 확신을 가지려면 아이템과 입지 등 여러 변수를 헤아리게 마련이고 이는 쉽게 일반화할 수 없는 부분이기도 하다.

하지만 적어도 장사를 하는 사람이라면 누구나 자신만의 직감과 판단력이 있다고 생각한다. 내 경우는 어떤 아이템을 개발한 뒤에는 이것이 반드시 될 것이라는 직감이 오는 편이다.

물론 사장인 내가 확신하더라도 그 확신을 유지하기 위해서는 남다른 의지가 필요하다. 대개는 사장의 확신을 방해하는 주변 요소들이 많다.

"요즘 경기가 얼마나 어려운데 그런 아이템을 하려고 해?"
"이 주변에 이런 메뉴 하는 곳 없잖아. 그게 되겠어?"

나를 걱정하는 이들의 조언이 때로는 내게 방해가 되기도 한다. 하지만 확신을 가졌다면 버텨야 한다. 확신 없이 버티는 건 문제가 되지만 자기가 하는 아이템에 확신이 생겼다면 주변에서 뭐라고 하든 꿋꿋하게 버티는 시기가 반드시 필요하다.

빈 시간을
적극 활용하라

가게 오픈 초기는 버티는 시기다. 2~3개월은 손님이 없어도 꿋꿋하게 매장을 지켜야 한다. 다만 버티는 시기에 가만히 있으면 안 된다. 한 명이라도 더 우리 가게를 알리는 노력을 해야 한다. 개업 초기 3개월을 어떻게 보내야 하느냐는 질문에 이렇게 답해주곤한다.

"손님이 뜸한 이 시기야말로 우리 가게 브랜딩을 완성할
절호의 기회예요. 나중에 손님이 많아지고 가게가 바빠지면
마케팅과 홍보를 할 겨를이 없어요. 그 전에 미리 해야 할 일을
한다는 생각으로 인스타그램, 블로그를 열심히 해보세요."

나 역시 오픈 초기에는 이렇게 우리 가게를 알리는 활동을 했다. 당일 팔다가 남은 음식이 있으면 버리지 않고 근처 학원을 돌면서 샌드위치를 무료로 나눠주었다. 가게를 알리기 위해 가게 이름이

홍보용으로 만든 메이랩 볼펜

들어간 볼펜을 만들고 주민센터나 구청 등 사람이 많이 모이는 곳에 볼펜을 둔 적도 있다. 언제 어디서든 한 번이라도 더 우리 가게를 알리려고 노력했다.

◆ SNS를 가까이하라

사장의 멘탈은 홍보 역량을 보면 알 수 있다. SNS를 할 줄 모르고 블로그를 해본 적이 없다는 건 핑계다. 홍보 수단은 온라인과 오프라인에 널려 있다. 자신이 타는 차량에 매장 이름을 넣어서 래핑 홍보를 해본 적 있는가?

나는 '메이랩'이라는 글씨가 잘 보이도록 차량을 래핑해서 그 차를 타고 지역을 수십, 수백 번 돌아다녔다. 그때 나는 SNS를 전혀 할 줄 몰랐지만 시중에서 판매되고 있는 온·오프라인 모든 수업을 들었다.

홍보를 위해 차에 래핑한 모습

그렇게 배움에 투자한 비용만 6년 동안 무려 1억 원이 넘는다. 우리 가게의 명운이 달린 마당에 해본 적이 없다는 이유로 시도조차 하지 않는 건 사치라고 생각했기 때문이다.

뻔한 말처럼 들리겠지만 하면 된다. 심지어 음식을 맛있게 못하더라도 이 음식을 얼마나 많은 이에게 효과적으로 알릴 수 있느냐가 더 중요하다고 생각한다. 장사가 안 된다면 사람을 기다리지 말고 나가서 우리 매장을 알려야 한다. 그렇게 노력하다 보면 2명 단골이 4명이 되고 10명이 된다. 이렇게 하려면 사장의 강한 정신 무장이 필요하다.

멘탈을 관리하는 방법에는 여러 가지가 있지만 나는 수강생들에게 '확언'을 하라고 조언한다. 확언은 내가 이루고자 하는 목표를 종이에 적거나 매일 외치는 자기 관리 방법이다. 나 역시 4년 전부터 매일 확언을 하고 있는데 목표를 이루는 데 큰 도움이 되어서 수강생들에게도 이 방법을 권하고 있다.

"나는 2025년까지 월매출 2천만 원을 돌파한다."
"나는 2024년까지 매장을 2개 늘린다."

확언을 하는 방법은 이렇게 주어를 명시하고 자신이 원하는 목표를 종이에 적거나 매일 외치는 것이다. 어떤 사람은 100회를 적기도 하고 어떤 사람은 하루에 3번 목표를 외치기도 하는데 방법은 자신이 편한 대로 하면 된다.

이렇게 확언을 하는 이유는 우리의 잠재의식에 원하는 목표를 분명하게 각인하고 목표 달성을 위해 스스로 실천하도록 독려하기 위해서다.

"목표를 마음속으로 외치는 게 무슨 큰 도움이 될까?"

이렇게 생각할 수도 있지만 실제로 확언을 실천하고 있는 이들의 경험담은 놀랍다. 확언을 하기 전과 이후의 매출이 50% 이상 늘어난 수강생이 있는가 하면 생각지도 않은 기회에 거래처를 늘려나간 경우 등 확언이 사업에 도움이 된다고 느끼는 이들이 점점 늘고 있다.

확언과 더불어 매일 꼭 실행하면 좋은 습관 하나는 '내가 이룬 성과 정리해보기'이다. A4 종이 한 장을 펼쳐놓고 오늘 내가 실천한 것들을 적어보는 것이다. 매일 아침 새로운 메뉴를 찾아본 것이나 SNS에 포스팅을 올린 것 또한 이러한 노력의 하나다. 손님을 기다리면서 아무것도 하지 않은 사람과 이렇게 노력한 사람은 매일 장사를 마감한 이후 종이에 적었을 때 적는 내용에 큰 차이가 있을 것이다.

어차피 우리는 모두 소자본 창업자들이다. 적은 자본을 투입해 최대한의 성과를 거두려면 매일 부지런히 움직여야 한다. 그리고 그 시작은 내 멘탈을 관리하는 것이다.

"나는 가진 자본이 아무것도 없다."

"어차피 제로에서 출발했는데 못할 것도 없다."

두 가지 모두 다 맞는 말이다. 다만 내가 어느 쪽에 더 집중하고 기회와 가능성을 바라볼 것이냐의 차이다. 즉 사장의 태도와 멘탈 문제라는 것이다.

◆ SNS 사진만 맛집이라는 이미지로 바꿔도 매출이 뛴다

이미지는 맛집으로 변신하는 데 강력한 도구 중 하나다. 사람들은 다른 이들이 줄을 서서 기다리거나 맛있게 식사하는 모습을 담은 사진을 보면 그곳을 방문해보고 싶어 한다. 따라서 사장님들은 이런 사진들로 맛집으로 소문난 곳으로 인식되게끔 만들어야 한다.

먼저 대표 메뉴를 한눈에 알 수 있는 사진이 꼭 있어야 한다. 우리 가게의 특별한 메뉴나 분위기를 사진으로 표현하면 손님들이 더 많이 방문하며, 이로써 손님들은 우리 가게를 더 잘 이해하고 더 많은 관심을 두게 된다.

오픈 주방에서 열심히 요리하는 모습을 보여주는 것도 마케팅 방법의 하나가 될 수 있다.

사장님의 열정이 담긴 음식과 신선한 재료를 보여주는 사진은 우리와 다른 가게의 차별성을 강조하는 데 도움이 된다. 전문가가 요리하는 모습이나 신선한 재료를 사용하는 모습을 보여주면 손님들은 가게를 더 신뢰하게 된다.

깨끗한 주방과 내부를 보여주는 사진도 중요하다. 가게 내부의 청결함과 편안한 분위기를 사진으로 전달하면 손님들이 더 많이 방문할 가능성이 높아진다. VIP룸과 같은 특별한 공간도 소개하면 좋다.

　마지막으로, 다녀간 손님들이 남긴 리얼 후기가 중요하다. SNS 같은 플랫폼에 올라온 리뷰와 사진으로 다른 손님들의 경험을 알려주면 믿음이 더 가게 된다.

완벽하게 준비했다는
착각을 버려라

고가 디저트 시장을 노리고 가게를 오픈한 B사장님이 있다. 경영학을 전공한 그는 직장에 다닐 때부터 원가 분석과 브랜드 마케팅까지 화려한 경력을 가지고 있다. 그는 매장 주변의 시장 분석을 끝내고 수요에 따른 재료의 퀄리티와 가격을 완벽하게 설계한 다음 가게를 오픈했다.

당연히 주변에서는 B의 가게에 곧 손님이 몰려들 것이라고 생각했다. 워낙 철저하게 준비한 데다가 그가 개발한 메뉴는 무척 신선했고, 가게 인테리어 또한 남달라서 화제성이 충분했기 때문이다.

하지만 결과는 그렇지 않았다. B의 가게는 몇 개월을 버티지 못하고 문을 닫을 위기에 처하고 말았다. B는 아무리 생각해도 자신이 무엇을 잘못했는지 알 수 없었다. 주변 지인들에게 시식 행사를 하거나 매장에 초대했을 때도 한결같이 반응이 좋았기 때문이다. 하지만 그럼에도 B의 매장은 하루에 방문객이 30명도 되지 않을 정도로 처참한 성적을 거두었다. 과연 무엇이 잘못되었을까?

◆ 홍보를 하지 않은 죄

B가 나에게 매장 컨설팅을 요청했을 때 나는 단번에 문제의 핵심이 무엇인지 알아챘다. 누가 봐도 완벽해 보이는 B의 가게에서 치명적 단점은 다름 아닌 B 자신에게 있었다.

"혹시 가게를 오픈하고 매장 홍보를 얼마만큼 하셨어요?"
"홍보요? 이렇게 준비가 잘되어 있고
가게 인테리어도 완벽한데 홍보를 할 필요가 있나요?
이 정도라면 손님들이 알아서 찾아와야 하는 거 아닌가요?"

내 물음에 B는 이해할 수 없다는 표정으로 말했다. 문제의 원인이 바로 여기에 있었다. 나는 B에게 이렇게 대답했다.

"아무리 완벽한 가게라도 홍보와 마케팅을 하지 않으면
매출이 나오지 않아요. 장사의 신이라고 불리는
백종원 매장도 오픈하면 '오픈 이벤트'를 하죠.

이미 매출이 잘 나오고 있는 가게라도 단골을 놓치지 않기 위해
이벤트를 하는데 사장님 매장은 이제 걸음마를 뗐잖아요.
홍보를 안 하면 아무도 사장님 가게를 몰라요."

B사장은 홍보의 중요성을 아예 모르고 있었다. 아무리 좋은 상품도 고객에게 알리기 전에는 고객의 관심을 끌 수 없다. 이는 고객이 우리 상품을 알려고 노력할 필요가 없기 때문이기도 하고, 무엇보다 요즘처럼 신상품이 홍수처럼 쏟아지는 시대에 새로 오픈한 가게 정보는 더 이상 뉴스거리가 아니기 때문이다.

나는 B에게 인스타그램과 블로그를 권했다. 홍보를 한다고 해서 처음부터 돈이 많이 드는 광고대행사를 쓸 필요가 없다. 사장이 직접 홍보 마케팅을 해보고 거기서 얻은 경험을 바탕으로 광고대행사를 써도 늦지 않다.

다행히 B는 생각이 열려 있어서 내 말을 듣고 SNS를 시작했다. 손님들은 B가 정성스럽게 올리는 포스팅을 보고 B 매장에 관심이 생겨 방문하기 시작했고, 3개월이 지난 시점에서는 인스타그램에서 이른바 '떡상'하면서 매장 방문자 수가 폭발했다. B는 예상보다 더 폭발적인 반응에 놀라며 내게 감사 인사를 전했다.

"저는 매장만 완벽하게 오픈하면 모든 게 다 끝난 줄 알았는데
그게 시작이었다는 걸 몰랐어요. 아무리 준비를 잘해도
오픈 이후에는 제로에서 시작한다는 생각으로 홍보와 마케팅에

몰입해야 한다는 걸 배웠습니다. 많은 사장이 가게 홍보와 마케팅을 제대로 못하고 있을 텐데 이 점이 더 많이 알려졌으면 좋겠어요."

◆ 고수도 방심하면 안 된다

B를 컨설팅하게 된 계기는 내 경험에서 비롯한 것이다. 최근 신도림 테크노마트에 있는 푸드코트에 신규 매장을 준비하면서 나는 B와 같은 실수를 했다. 하루 방문자 수가 1천 명에 육박하는 푸드코트라면 특별히 마케팅하지 않고도 어느 정도 매출이 나올 것이라고 방심했던 것이다.

하루 매출이 20만 원만 나와도 손해 볼 게 없다는 생각으로 오픈했던 매장은 처참했다. 아무도 우리 매장에 관심이 없는 게 아닌가. 나름대로 신도림에서 샌드위치 가게로 유명해졌다고 생각했지만 테크노마트처럼 유동인구가 많은 곳에서는 인지도가 현저히 떨어졌다.

방심하면 안 된다는 교훈을 준 슬라이트밀 매장

그 이유를 분석해보니 대부분 푸드코트를 방문하는 이들은 국밥이나 김치볶음밥 등 식사류를 먹는 반면 샌드위치는 상대적으로 찾는 이들이 적었던 것이다. 간혹 치아바타 샌드위치를 식사 대용으로 먹기 위해 오는 직장인 손님들이 있을 뿐 고객이 거의 찾아오지 않는 죽은 매장이 될 위험이 있었다.

일주일 정도 운영해보고 이건 아니다 싶어서 곧바로 네이버 플레이스를 등록하고 당근마켓의 비즈니스 계정을 만들었다. 인스타그램 계정을 만들고 홍보를 적극적으로 시작했다. 동네 장사를 하는 1인 업장은 반드시 당근마켓을 해야 한다. 사업자 계정이 있다면 하루에 한 번은 무료로 이웃에게 공지사항을 발송할 수 있기 때문이다.

당근마켓에 만든 슬라이트밀 비즈니스 계정

이렇게 3개월을 마케팅하니 서서히 반응이 오기 시작했다. 매출이 오르면서 점심시간에도 가게를 찾는 직장인이 늘기 시작한 것이다. 기존의 지명도를 생각해 고객이 알아서 찾아오겠거니 방심했던 스스로를 반성하는 계기가 되었음은 물론이다.

"성격상 안 맞는데 꼭 홍보를 그렇게까지 해야 할까?"

간혹 장사를 처음 하는 이들 중 이렇게 생각하는 사람이 있다. 하지만 홍보마케팅은 자영업자의 유일한 무기다. SNS와 블로그, 당근마켓을 하지 않겠다는 것은 기본적으로 자영업자의 자질이 없는 것이다.

> "내가 먹어보니 맛있고 매장 분위기도
> 이렇게 세련되었는데 설마 손님이 안 오겠어?"

이렇게 생각하고 장사를 시작하면 당연히 손님이 오지 않는다. 앞서 언급한 B의 사례는 물론이고 그동안 내가 직간접적 경험을 해본 결과, 매장 오픈 이후 홍보를 제대로 하지 않으면 가게는 문을 닫게 되어 있다.

사람들에게 우리 매장의 존재조차 알리지 못한 것이 첫 번째 문제이고, 사장에게 절실함이 없는 것이 결정적 원인이다. 내 소중한 자본이 들어간 매장을 홍보하기 위해서는 사장이 나서서 절실하게 움직여야 한다. 내가 홍보하지 않으면 내 매장을 저절로 알고 찾아오는 사람은 없다.

자기관리를
어떻게 해야 할까

　자영업자는 매일 반복되는 하루를 보낸다. 매장에 나가서 청소를 하고 오픈 준비를 하면 어느덧 점심시간이 되고, 손님들을 바쁘게 응대하다 보면 어느새 저녁 장사를 준비할 시간이 된다. 이후 마감을 하고 집에 돌아가면 자정이 다 된 시각, 물 한 번 마실 틈 없이 바쁘게 장사를 하다 보면 체력과 열정은 쉽게 바닥난다.

　그래서 나는 자영업자에게도 분명한 라이프스타일이 있어야 한다고 주장한다. 1년 365일이 바쁜 자영업자는 1년을 넘기기 어렵다. 일주일에 하루는 온전히 나를 위해 보내는 시간이 있어야 하고, 하루로 좁혀서 보면 매일 1~2시간은 내 역량을 키우기 위한 자기계발이 필요하다.

　나는 아침에 일어나서 확언으로 하루를 시작한다.

"오늘 하루도 내가 원하는 일이 펼쳐지고,
목표가 조금씩 실현되고 있다."

따뜻한 물을 한 잔 마시고 20분 정도 독서를 한다. 잠이 덜 깨 책이 잘 읽히지 않을 때도 있지만 습관이 들어서인지 이제는 책을 자연스럽게 집어 드는 편이다. 그리고 가게에 나가서 영업을 하고 마감을 하면 자기 전에 다음 날 스케줄을 간단히 메모한다. 자기 전에 꼭 해야 하는 중요한 습관은 바로 '감사 일기'를 적는 것이다.

컨디션 관리를 위해 꾸준히 운동을 하고 주기적으로 여행을 가거나 강의를 찾아서 듣는 것도 자기관리의 하나다.

◆ 자영업자의 시간관리

자영업자는 하루 일과가 무척 바쁘다. 그렇기에 다른 사람보다 일과를 철저히 관리할 필요가 있다.

나는 예약 손님이 많은 성수기에도 정해진 루틴을 벗어나지 않았다. 24시간 중에서 헛되이 보내는 시간이 없도록 하는 건 물론이다. 샤워를 하면서 동기부여 영상을 보거나, 족욕을 하면서 독서를 하는 등 시간을 최대한 효율적으로 아껴 쓰려고 노력한다. 이렇게 사소한 시간의 낭비를 줄이는 것 또한 돈을 버는 길이라고 생각하기 때문이다.

앞서 멘탈이 가격이라고 한 이유는 이러한 사장의 하루 루틴의 가치를 보장해주는 것이 바로 내가 파는 상품 가격이기 때문이다. 박리다매에서 벗어나 고가의 상품을 판매하기 위해서라도 사장은 컨디션과 멘탈을 관리해야 한다.

◆ 내 성향에 맞는 장사를 하자

나는 처음 장사를 할 때 3,500원짜리 샌드위치부터 시작했다. 그리고 가격을 점차 올려서 장사를 한 지 몇 년 뒤에는 30만 원짜리 도시락까지 팔게 된다. 내가 도시락을 30만 원에 판다고 하면 주변에서는 두 가지 이유로 놀란다. 그 가격에 도시락이 정말 팔리는지, 팔린다면 과연 누가 그 도시락을 사는지 궁금해한다.

만약 내가 유명 인플루언서이거나 연예인인데 내일 팬들 혹은 후원자들과 같이 소풍을 간다고 해보자. 명색이 후원자들인데 김밥을 싸가지고 대접하기엔 민망하고, 제대로 된 도시락을 먹게 하고 싶다는 생각에 검색을 한다.

메이랩이 VVIP를 위한 수제 도시락을 구성해서 판다는 사실을 알게 되고 1인당 30만 원으로 구성해 육해공 메뉴가 다 들어간 도시락을 의뢰한다. 이렇게 해서 나는 하루에 도시락을 1억 원어치 팔아본 적도 있다. 대한민국에서 천만 원을 투자하여 만든 가게에서 하루에 도시락 매출 1억 원을 올린 사업가는 내가 유일할

30만 원짜리 수제 도시락

것이다.

중요한 건 내가 이 30만 원짜리 도시락 상품을 한 번만 하고 더는 진행하지 않았다는 것이다. 많은 사람이 부러워하는 고가의 도시락 주문을 왜 그만두었을까? 내 성향에 맞지 않아서다. 도시락이 비싸면 비싼 만큼 가치가 있어야 한다.

30만 원짜리 도시락이라고 하면 보통 먹는 사람의 기대치는 하늘을 찌른다. 게다가 고객 A는 오이를 못 먹고 B는 마늘이 들어간 요리는 안 먹는 등 고객마다 입맛을 맞추는 것도 쉽지 않은 일이다. VVIP를 서비스하는 게 적성에 맞는 사람이야 이런 과정이 즐겁겠지만 나는 도무지 적성에 맞지 않아서 그만두고 말았다.

"도시락 하나에 30만 원 매출인데 왜 주문을 안 받으세요?"

내가 VVIP 도시락을 안 한다고 하자 어떤 사장님이 이렇게 물었다. 하지만 장사를 오래 해본 분들은 안다. 아무리 매출이 높게 나와도 사장인 자신의 성향과 맞지 않는 주문도 있다는 걸 말이다. 나는 30만 원짜리 VVIP 도시락보다는 오히려 1만 원짜리 국민 도시락을 100개 파는 것이 훨씬 더 적성에 맞는다.

자신이 어떤 성향의 사장인지를 빨리 파악해야 주문이 들어와도 즐겁게 일할 수 있다. 만약 적성에 맞지 않는 고객을 상대로 계속 장사를 한다면 사장의 스트레스와 피로도가 높아지고, 이는 음식의 퀄리티에 고스란히 영향을 준다.

미국 국방부장관에게 제공한 오찬 도시락

1만 원짜리 도시락 100개를 만드는 것이 30만 원짜리 도시락 10개를 만드는 것보다 순수익도 떨어지고 노동력이 조금 더 든다고 할지 모른다. 가격을 높게 책정해서 팔라는 내 주장과도 반대되는 것처럼 보인다. 하지만 중요한 건 '사장이 즐겁게 일할 수 있는 계약 조건인가'이다.

나는 음악을 틀어넣고 혼자서 여유 있게 도시락 100개를 만드는 게 어렵지 않다. VVIP 도시락 10개를 만드는 것보다 훨씬 더 잘할 자신이 있다. 이쪽이 적성에 잘 맞기 때문이다. 물론 창업에는 정석이 없기 때문에 이 또한 자신이 경험을 해보고 잘 맞는 쪽으로 결정하는 것이 중요하다.

먼저 주변에서 자신과 동일한 업종을 하는 가게의 사례를 참고하여 자신에게 맞는 영업 스타일을 발견하자.

컨디션이
곧 가격이다

어느 날 A라는 업체에서 1천 명이 먹을 도시락을 주문했다. 모처럼 큰 주문이 들어와 기쁜 것도 잠시, 최근 2~3일 동안 매장에서 바쁘게 일하느라 몸이 녹초가 된 상태다. 정해진 납기는 7일 이내, 매일 정신없이 도시락을 만들어 납품한다고 해도 납기를 도저히 맞출 자신이 없어서 포기할까 했지만, 큰 고객을 놓칠 수 없어서 계약을 진행했다. 그리고 며칠 뒤 고객에게서 도시락 맛이 너무 다르다며 클레임이 들어왔다.

"어떻게 도시락마다 맛이 다 다를 수 있어요.
어떤 건 짜고 어떤 건 싱겁고 엉망이에요."

◆ 컨디션 관리가 안 되면 상품이 망한다

어쩌다가 상황이 이렇게 되었을까? 이렇게 된 원인은 사장이 컨디션 관리를 전혀 하지 않았기 때문이다. 박리다매를 하는 사장님들이 대부분 이런 패턴을 보인다.

매일 하나라도 더 많이 팔기 위해 녹초가 되도록 일하고 정작 큰 주문 건에는 대응을 못해서 클레임에 시달리는 경우가 많다. 나름대로 성실하고 악착같이 일했는데 이런 결과가 나와서 속상하기도 하지만 어쩔 수 없다. 내가 내 몸을 그만큼 혹사했기 때문이다.

가격을 올려받는 것은 내가 컨디션 관리를 지혜롭고 현명하게 하기 위해서이기도 하다. 특히 대량 주문 건이 발생하면 일관된 맛과 서비스를 유지하는 것이 무엇보다 중요한데 이때 메뉴를 만드는 나의 컨디션이 좋지 않으면 음식의 맛과 퀄리티에도 영향을 줄 수밖에 없다.

한 번은 도시락 주문이 1억 원어치 정도 들어왔다. 메이랩은 작은 매장인데 1억 원이라는 주문 수량은 사실 불가능한 것이다. 하지만 고객이 나를 믿고 주문했기에 과감히 제안을 수락하고 도시락을 준비했다.

물론 1억 정도 물량을 주문하는 고객인 만큼 테스트 역시 깐깐했다. 샘플 테스트만 3회 정도 했는데 그때마다 의사결정권자 9명이 투표를 해서 결정했다. 나는 같은 음식을 세 번 정도 만들면서 테스트를 준비했는데 의뢰처에서는 '음식의 퀄리티가 일정하게 유

7천 명분 도시락처럼 대량 주문이 있으면 일관된 맛과 서비스를 유지하는 것이 무엇보다 중요하다.

지되는지 보기 위해서'라고 설명했다.

수제 도시락은 기계로 제조하는 것과 달리 맛을 평준화하는 게 쉽지 않다. 의뢰하는 곳도 이 점을 알기 때문에 일정 퀄리티가 보장되는지를 중요하게 여기는 것이다. 내 경우 다년간의 경험으로 수제 도시락의 퀄리티를 일정하게 유지하는 나만의 노하우가 있다. 이를 한마디로 정리하면 '음식의 철학이 있어야 한다'는 것이다.

노하우 1 철저한 계량화 레시피

주먹구구식으로 만드는 엄마의 손맛이 아닌 누가 만들어도 똑같은 맛을 낼 수 있는 소스 계량화 작업으로 동일한 맛을 유지해야 한다.

노하우 2 가정용 팬 사용

대량 작업이라고 하여 업소용 웍을 사용하지 않는다. 6천 명이

먹을 도시락에 불고기 280kg이 사용되었는데 7명이 나누어 하루
종일 고기를 볶았다.

◆ 사장의 마인드가 중요한 이유

수제 도시락으로 많은 인원의 몫을 만들려면 음식 솜씨만 있어
선 안 된다. 내가 어떤 도시락을 만들겠다는 분명한 가치와 철학
이 없이 레시피대로만 만들면 음식 맛이 일정하게 나오지 않는다.

나는 집밥 같은 도시락을 만든다는 분명한 철학이 있다. 이 때
문에 앞서 얘기했듯이 아무리 힘들어도 업소용 팬을 쓰지 않고
가정용 팬으로 여러 번 나누어 음식을 만든다. 이렇게 조리하면
음식 맛이 일정하게 유지될뿐더러 집밥과 같은 맛을 최대한 구현
할 수 있다.

"대표님의 마인드는 좋은데 현실은 하루하루 먹고살기도 힘이 듭니다.
이상론보다는 현실을 먼저 생각해야 하는 게 아닐까요?"

이렇게 현실과 이상 사이에서 갈등하는 사장님들도 많다. 장사
는 취미가 아닌 엄연한 사업이기 때문에 현실적으로 판단하고 행
동해야 함은 물론이다. 하지만 현실과 이상을 놓고 둘 중 하나를
선택하라고 하면 이상을 좇아야 한다고 믿는다.

이상을 좇지 않으면 내가 원하는 가격을 고객에게 받을 수도, 장사를 하면서 내가 원하는 삶을 살 수도 없다. 가격을 높게 받고, 하루에 최대한 적은 시간 일한다는 것은 모든 자영업자의 이상적인 삶이다.

이상을 추구한다고 해서 터무니없는 공상을 한다는 뜻이 아니다. 오히려 이상을 추구하는 사람일수록 목표를 이루기 위해 철저한 '액션 플랜'을 세우게 된다. 이상주의자는 목표의 중요성을 누구보다 잘 알고 있다. 이 때문에 목표를 세세하게 쪼개고 이를 실천하기 위한 계획을 짠다.

나는 '메이랩 타워'를 짓겠다는 목표가 있다. 메뉴를 연구하는 부서와 수강생들의 실습 공간 그리고 교육 공간이 나뉘어 있는 메이랩 타워를 2030년까지 짓는 것이다. 이를 달성하기 위해 목표를 세부적으로 쪼개 노트북에 적어두고 실천해나가고 있다. 이렇게 큰 목표를 세우고 그에 따른 세부 실천 계획을 세워두면 이상적인 목표를 점차 현실화할 수 있다.

하루하루 열심히 장사하다 보면 언젠가는 좋은 날이 올 거라고 막연하게 생각하는 사람은 아무것도 이루지 못한다. 방향과 목표가 없는데 어떻게 원하는 것을 얻을 수 있을까? 그래서 사람은 항상 원대한 꿈과 이상을 먼저 품고 이 목표를 이루기 위해 현실적으로 노력해야 하는 것이다.

그리고 명확한 비전을 세웠다면 이를 매일 확언을 통해 다져나가는 것도 중요하다. 노트에 이 목표를 언제까지 이룰지, 어떻게 이

룰지를 적는 것도 좋다.

메이랩의 목표를 위한 도전 과제

비전: 2030년까지 메이랩 연구소 건물 짓기

- 땅을 어떻게 매입할 것인가

- 자금을 어떻게 조달할 것인가

- 공간 기획을 어떻게 할 것인가

- 목표를 언제까지 마무리할 것인가

이때 중요한 것은 계획을 세울 때 반드시 정확하고 구체적인 수치를 적어서 달성 여부를 확인할 수 있도록 해야 한다는 것이다. 꼭 원대한 목표가 아니어도 좋다.

예를 들어 "개업 후 2개월 안에 하루 100개를 파는 매장이 된다"와 같이 단기적 목표 달성치를 제시해도 된다. 단기적 목표라면 이를 언제까지 달성할 것인지를 정하고 목표를 달성한 이후에는

목표치를 일정하게 상향하는 것이 중요하다. 이달 매출을 지난달 대비 20% 상승하는 게 목표였다면, 이를 달성한 이후에는 어떤 목표를 세울지 미리 정해 두는 것이 좋다.

2030년까지 메이랩 타워를 짓는 것이 최종 목표다.

현재 우리 매장을 먹여 살리는 '효자템'이 있다고 하더라도 이는 미래의 먹거리는 아니다. 아무리 잘나가는 아이템도 수명주기가 있고 언젠가는 고객의 기억에서 잊힌다. 이 때문에 잘나갈 때 미래의 아이템을 개발하고 준비해두는 자세가 필요하다. 경험상 최소 5년까지 계획을 미리 세워놓고 신메뉴를 개발해두어야 한다.

아무리 작은 계획이라도 숫자로 적고 이를 달성하기 위해 노력하다 보면 목표는 이루어지게 되어 있다. 나 역시 2019년부터 목표를 세우고 이를 달성하는 연습을 꾸준히 해왔고 결과적으로 이를 모두 이루었다.

메이랩의 확언과 목표 달성

- 2019년: 차를 벤츠로 바꾸고 싶다 → 달성
- 2020년: 브랜딩 책 출간 → 달성
- 2023년: 인스타그램 팔로워 3만 명 → 달성

사업은
고통의 연속이다

자영업자의 가장 큰 스트레스는 '사람' 스트레스가 아닐까. 진상 고객, 직원, 수강생과 관계 등에서 하루하루 스트레스의 연속이다. 오래 장사를 하다 보니 자영업이 나 자신과 싸우는 것이라는 사실을 깨닫게 된다.

내 멘탈이 무너지면 그동안 힘겹게 쌓아올린 성과도 한순간에 무너진다. 1인 사장은 내가 사장이자 직원이기 때문에 나와 관계를 잘 다져놓는 것도 장사의 중요한 포인트다.

물론 멘탈 관리를 혼자서 하기는 쉽지 않다. 그래서 나는 멘토와 멘티 관계가 되어주는 동료 사업자와 친분을 맺는다.

내 강의에서 만난 사업자들이 가장 좋아하는 포인트 역시 '든든한 동료가 생겨서 좋다'는 것이다. 힘이 들 때마다 장사의 어려움을 이해해주는 자영업자 동료가 있다면 위기를 극복할 수 있다.

　그럼에도 장사는 결국 혼자서 헤쳐나가는 고독한 싸움이라는 점을 간과해서는 안 된다. 어느 정도 사업을 오래 해본 사람들은 사업 자체가 고통의 연속이라는 점을 공통적으로 짚는다. 이 과정에서 나 스스로 한 단계 성숙해지고 단단해지는 것이다. 장사를 오래 하다 보면 이러한 고통을 일상적으로 받아들이는 순간이 오게 마련이다.

지금 네가 생각한 도망쳐도 되는 이유, 그게 널 계속
도망치게 할 거야. 도망쳐서 도착한 곳에 천국은 없어.
— 100억 스타강사 이지영의 명언 중에서

마음을 나눌 동료가 있으면 혼자 하는 장사가 훨씬 덜 힘들어진다.

도망친 곳이 천국이라면 도망칠 이유가 충분하다. 하지만 어차피 도망쳐도 현실을 부정할 수 없다면 오히려 맞서는 게 낫다. 고통을 정면 돌파하고 나면 다음에 비슷한 고통이 왔을 때는 압도되지 않는다. 이미 내가 경험해봤고 이겨낸 고통이기 때문에 오히려 자신 있게 넘어설 수 있다.

7년 전 4평 매장에서 혼자 샌드위치 가게를 열었을 때가 생각난다. 그때는 어떻게 하면 매달 월세를 낼 수 있을지, 어떻게 하면 망하지 않고 한 달, 한 달 버틸 수 있을지 고민하던 시기였다. 나는 하루하루가 막막했고 미래가 두려웠다.

수십 번도 더 그만두고 싶다고 생각했는데 이대로 물러서기는 싫었다. 이왕 시작한 거 뭐라도 해내고 싶었다. 꾸준히 배우고 배운 걸 실행에 옮기기 시작했더니 조금씩 길이 열렸다. 길이라고 해서 대단한 돌파구가 생겼던 건 아니다. 나는 문제가 생기면 그걸 하나씩 해결해나가면서 매일 조금씩 성장했다. 그러자 어느새 나에게도 '경쟁력'이라는 나만의 무기가 생겼다.

지금 내가 운영하는 메이랩은 1인 기업으로 연매출 5억을 꾸준히 만들어내고 있다. 사업하면서 5억 매출 내는 사람은 많지만 나처럼 1천만 원을 투자해 5억 원 매출을 만드는 사람을 드물 것이다.

나에겐 매일 기적 같은 일이 일어나고 있다. 기적이 아니고서야 그동안 내게 일어났던 이 모든 놀라운 일을 설명할 길이 없다. 수백만 원 하는 고가 강의를 듣기 위해 몇 개월을 기다리는 수강생들, 이름만 대면 알 만한 대기업의 대량 주문…. 나날이 확장하는 사업장을 보면서 감사하는 마음으로 이렇게 다짐했다.

'내가 받은 만큼 세상에 돌려주리라.
그리고 많은 이들에게 보답하겠다는 이 마음 변치 않으리라.'

세상일은 참 신기하다. 세상에 주면 줄수록 더 많은 것을 돌려받으니 말이다. 하루하루가 놀라운 선물이고, 이 선물을 더 많은 이들과 나누겠다는 마음으로 영업을 하니 매출도 나날이 늘었다. 어제의 꿈이 내일의 희망이 되고, 내일의 희망이 곧 현실이 되는 놀라운 삶을 살아가는 중이다. 이 책을 계기로 나와 같은 꿈을 꾸는 이들이 더 많아지길 바란다.

대한민국의 자영업자는 참 힘들다. 그러나 그 가운데서도 희망을 잃지 않고 매일매일 스스로를 동기부여하면서 성장하는 사장들도 분명 존재한다. 이것은 매우 쉬운 일 같으면서도 매일 실천하기는 쉽지 않은 삶의 태도이다. 그리고 단언컨대 이런 마음가짐으로만 장사를 해나간다면 성공의 열매는 반드시 따라 맺힐 것이다.

부디 이 책이 홀로 외로이 버티는 자영업자들에게 조금이나마 도움이 되었길 바란다. 《4평 매장 사장 되기》부터 《무조건 싸게 팔지 마라》까지 차례로 읽으며 그 안에 담긴 지식과 통찰력을 내 것으로 만든다면 분명 여러분도 나와 같은 성공의 반열에 서게 될 것이다.

무조건 싸게 팔지 마라

초판 1쇄 인쇄 2024년 6월 20일
초판 1쇄 발행 2024년 6월 27일

지은이 메이랩(조윤화)
펴낸이 최석두

펴낸곳 도서출판 평단
출판등록 제2015-000132호(1988년 7월 6일)
주소 (10594) 경기도 고양시 덕양구 통일로 140 삼송테크노밸리 A동 351호
전화 (02) 325-8144
팩스 (02) 325-8143
이메일 pyongdan@daum.net

ISBN 978-89-7343-575-3 (13320)

"성공은 하루아침에 이루어지지 않는다.
작은 성공들이 모이고 쌓여서 큰 성공을 이룬다."